D1665523

„Freie Schule am Mauerpark.
Von der Idee zur Wirklichkeit.
Ein Schulprojekt in 34 Beiträgen."

Hrsg.: Freies Lernen in Berlin e.V.

ISBN-Nr.: 978-3-936697-10-0

© 2011 Duplicon-Verlag Berlin
Alle Rechte vorbehalten

Layout & Satz: Stephanie Schürfeld,
Berlin

Druck & Bindung: E. Kurz GmbH,
Stuttgart

Inhalt

Schule aus Elternsicht

Wie organisieren wir Schule?

Schule und Gesellschaft

15 Jahre sind schon ein ganzes Stück Weg. Seitdem unsere Schule die offizielle Genehmigung erhielt, ist viel passiert und nur noch wenige aktuell Beteiligte kennen diejeniegen der ersten Stunde. So ist dieses Buch im ersten Teil auch ein Versuch, ein paar Erinnerungen festzuhalten und endlich einmal die Wahrheit über „den legendären Wanddurchbruch" zu erfahren.

Der Blick zurück ist aber mehr als ein anekdotenreiches Erzählen bewältigter Abenteuer. Die Themen, die am Anfang standen, sind vielleicht dieselben, die die neuen Schulgenerationen (Kinder, LehrerInnen, Eltern) beschäftigen. Können wir von der Vergangenheit profitieren, wenn wir sie uns vergegenwärtigen?

Eine alternative freie Schule wie unsere hat wenig Beispiele rundherum in der Schullandschaft, auf die sie sich beziehen kann und die soetwas wie Sicherheit bieten. Man hat oft das (schöne) Gefühl, es entsteht alles jeden Tag neu. Und doch haben wir - vielleicht teilweise ohne es zu wissen - schon eine gewisse Tradition und eine Menge Erfahrung.

Der zweite Teil dieses Buches springt ins Jetzt. Was ist unsere Schule heute? Berichte aus dem Schulalltag, Beobachtungen, Fotos, Gedanken zum LehrerIn-sein, erste Eindrücke von LehrerInnen, die neu hinzukommen, Gedanken zum Eltern- und Vorstand-sein drehen sich um die Frage, was hier grundsätzlich anders ist. Was bedeutet eigentlich frei? Und wie organisiert man eine freie Schule? Das Ergebnis steht natürlich noch nicht fest.

Den Schluss dieses Buches haben uns zwei wissenschaftliche Autoren geschenkt, denen wir uns gedanklich sehr verbunden fühlen. Mit ihren energischen Aussagen zum Thema Bildung und Gesellschaft vertreiben sie eine Menge „Ja, aber …" und setzen den Horizont in ein helles Licht.

Danke an Alle!

Die Redaktion
Matthias Hofmann
Anke Zeuner
Stephanie Schürfeld

Freie Alternativschulen – eine kleine Zeitreise

von Matthias Hofmann, Lehrer an der Freien Schule am Mauerpark seit 2006

Die Wurzeln von alternativen Modellen zum lehrerzentrierten, durchdidaktisierten Schulbetrieb sind so alt wie die Schulen selbst. So lehrte in den griechischen Stadtstaaten der Magister in Vortragsmonologen Homers Schriften, während der Pädagoge den Schüler zur Scola begleitete und ihm auch als Gesprächspartner zur Verfügung stand um das Gehörte zu verarbeiten. (Das griechische Wort für Schule ‚die Scola' bedeutet in der Übersetzung übrigens soviel wie Müßiggang). Es scheint mir, als habe schon damals das rein lehrende Prinzip nicht genügt, um einen ‚gebildeten' Menschen hervorzubringen.

Zweitausend Jahre lang geschah wenig in dem Bereich Bildung und Schule, worauf wir uns heute beziehen könnten. Erst mit Michel de Montaigne (1533-1592) tritt ein (der Erste!) Essayist auf den Plan, der eine natürliche, lebendige und individuelle Erziehung forderte. Er sprach sich gegen die Lateinschulen aus, in denen die Jungen einzig durch ‚barbarische Zucht totes Wissen' eingetrichtert bekommen sollten. Er empfahl als alternative Lehrmethode das freie Unterrichtsgespräch.

Johann Amos Comenius begründete nach dem dreißigjährigem Krieg die erste Volksschule, die man als Vorläufer unserer heutigen Grundschule betrachten kann. Vier Jahre lang gingen dort Mädchen und Jungen aller sozialen Schichten gemeinsam zur Schule. Sein Hauptwerk ist die bis heute populäre ‚Magna Didaktika', die in vielem das lehrende Prinzip beschreibt, das wir heute als Didaktik kennen. Aber (und das ist ein wirkliches aber, denn es soll den ersten Teil der Ausführungen abschwächen): im Anschluss schrieb er einen Text über die ‚ars discendi' (die Künste des Lernens). Auch er konnte feststellen, dass ‚Lernen' nicht nur Wissensvermittlung durch einen Lehrer ist und somit ein einseitiger Prozess. Über John Locke (1632-1704), J. J. Rousseau (1712-1778) bis hin zu J. H. Pestalozzi (1746-1827) tritt dann das Kind zunehmend in den Vordergrund einer tendenziell emanzipatorischen Pädagogik, die sich immer neben der Vorbereitung auf das gesellschaftliche Leben auch der individuellen Entfaltung verschreibt.

Das erste konkrete Schulprojekt, das in der Rückschau als erste freie Alternative zur Schule betrachtet werden kann, organisierte kein geringerer als L. N. Tolstoi (1828-1910). Auf dem familieneigenen Hofgut, das er erbte, unterrichtete er die Kinder der Leibeigenen. Die Teilnahme am Unterricht war freiwillig, es gab etwas zu essen (was damals nicht unerheblich zum Schulbesuch motiviert haben dürfte) und Tolstoi ging auf die Individualität der Kinder ein. Ein Junge, der jeden Tag kam und sich auf dem Ofen zum schlafen niederlegte, ließ er einfach in Ruhe dort ausruhen. Als dieses Kind dann nach ein paar Monaten (nur durch die scheinbar passive Beobachtung) schreiben konnte, bestätigte das Tolstoi in der Erkenntnis, dass es viele Wege gibt, etwas zu lernen.

Mit der Zeit entstanden alternative Schulprojekte in Europa und darüber hinaus, so zum Beispiel in Spanien die Moderne Schule von Francisco Ferrer (1859-1909) oder das antiautoritäre Schulprojekt Summerhill von A.S. Neill (1883-1970).

Als sich Anfang-Mitte der 70iger Jahre des letzten Jahrhunderts die ersten freien Schulen in der BRD gründeten, waren die Schriften von Neill, Dennison (1925-1987) und Ferrer als vielkopierte Zettel durch die Kreise der ‚68er- Bewegung' gegangen. Weniger beachtet wurden hingegen die ersten radikalen Schulversuche der Weimarer Republik. Warum dieser mögliche historische Bezug weitgehend ungenutzt blieb, könnte daran gelegen haben, dass durch die Zeit des deutschen Faschismus die gesamte freiheitlich-alternative Schulbewegung in Deutschland aufgelöst und/oder ausgelöscht wurde. Nur wenige linksradikale LehrerInnen wie bspw. Minna Specht kehrten 1945 aus dem Exil zurück und beteiligten sich am Aufbau demokratischer Schulformen in der BRD. Ein anderer Grund könnte darin liegen, dass durch die Postulierung des Sammelbegriffes ‚Reformpädagogik' durch Hermann Nohl (erstmals erschienen 1933) eine so breite Bewegung ‚zusammengefasst' wurde (von der linksradikalen Karl-Marx Schule in Berlin Neukölln bis hin zu Schulkonzepten mit rassistischen Grundpositionen), dass Schulprojekte wie Summerhill eindeutiger als unbürgerliche Alternative erkennbar waren. Doch bevor es zu den ersten Gründungen von Alternativschulen in der BRD kam, wurden erst einmal die Kinderläden aufgebaut.

Die Kinderläden

Die Kinderläden sind als Teil der StudentInnenbewegung entstanden und wurden 1967/'68 diskutiert und ab dann gegründet. In einem Text von Reinhart Wolff aus den 1970er Jahren wird eine Zahl von rund 200 Kinderläden für die Bundesrepublik genannt. Anfänglicher geografischer Schwerpunkt war West-Berlin[1]. Aus der StudentInnenbewegung heraus entstanden die ersten Kommunen (K1, K2), die sich u.a. mit alternativen Erziehungskonzepten beschäftigten[2]. Ebenfalls als Teil der StudentInnenbewegung bildete sich der Aktionsrat zur Befreiung der Frau. In diesem Rat war die ‚Kinderfrage' als grundsätzliches Problem benannt. Es wurde diskutiert, wie Mütter gleichberechtigt am politischen Bildungs- und Veränderungsprozess teilhaben können. Der Aktionsrat bemühte sich um die Erarbeitung revolutionärer Erziehungsmethoden. Ziel war die Schaffung eines emanzipatorischen Gegenmodells zum staatlichen Erziehungssystem. Die Kinder sollten sich im Kinderkollektiv emanzipieren, so die Vorstellungen.

Kritisch wird das Summerhill Buch von A. S. Neill in den Elternkollektiven gelesen und diskutiert. Einerseits wird die Repressionsfreiheit in der neillschen Pädagogik begrüßt, andererseits die weltanschauliche Neutralität kritisiert. Die ,pädagogische Insel' Summerhill führe dazu, dass Kinder lernen sich aus der sie umgebenden Welt das für sie beste zu nehmen. Sozialistisches Bewusstsein hingegen verlange Parteinahme. Bei einem Teil der Eltern gab es den Wunsch, nicht indoktrinativ vorzugehen, wie das in religiösen Kindereinrichtungen oder in dem Erziehungssystem der DDR vorzufinden wäre. Eine einheitliche Haltung konnte nicht gefunden werden.

In Abgrenzung von Neills Schulprojekt bedeutete eine sozialistische Kinderladenkonzeption, Kinder unabhängig von ihrer sozialen Herkunft aufzunehmen, sich aktiv (mit den Kindern) in soziale und politische Prozesse und Konflikte einzubringen und weltanschaulich freiheitlich-sozialistische Ideen und Werte zu vermitteln.

Für die Gründung von Freien Alternativschulen ist von Bedeutung, dass es in den Elternkollektiven Eltern gab, die für ihre Kinder nach linken Alternativen zur Beschulung in staatlichen Schulen suchten.

Selbstregulation in Kinderläden und Schulen

1967 findet sich in Frankfurt/Main eine Gruppe von Erwachsenen zusammen, die den Aufbau eines eigenen Kinderladens diskutiert. Ihre Überlegungen gehen über einen ,sozialistischen Kindergarten' hinaus und führen zur Gründung einer ersten Kinderschule (diese soll Kindergarten, Hort und später eventuell eine Grundschule umfassen). Theoretisch bezieht sich diese Gruppe auf die Arbeiten von A. S. Neill, W. Reich, J. und P. Ritter und die Londoner Schule Kirkdale. Ziel der Kinderschule und politischer Anspruch der Initiativgruppe ist die „Realisierung eines repressionsfreien Erziehungsstils in Form eines Experiments; Schaffung eines Modells, im Rahmen dessen gezeigt werden kann, dass innerhalb und gegen eine repressive Gesellschaft eine freie, antiautoritäre Erziehungspraxis möglich ist. Kritik [wird] an den bestehenden Kindergärten – städtischen und konfessionellen einschließlich Montessori und Waldorf [geübt]."[3]

Von besonderer Bedeutung für die Entstehung von Freien Alternativschulen und ihrer Konzeptionen ist der Begriff der Selbstregulation, wie er 1967 als Ziel der pädagogischen Arbeit in der Kinderschule Frankfurt formuliert wird. Selbstregulation zielt darauf ab, dass ein Kind (unabhängig von seinem Alter) in allen Lebensgebieten durch eigene Erfahrungen lernt, seine Bedürfnisse wahrzunehmen, zu benennen und selbst regulieren zu können. „[...] es soll Gelegenheit haben und darin unterstützt werden, seine Interessen individuell und kollektiv zu erkennen und angemessen zu vertreten."[4] Selbstregulierung ist in Abgrenzung zum ‚laissez-faire-Stil' zu verstehen, da das Kind nicht einfach nur sich selbst überlassen wird. Die Regulation der eigenen Bedürfnisse und das Vertreten der eigenen Interessen benötigt einen stabilen sozialen Bezugsrahmen (Elternhaus, Kinderkollektiv,…). „Die Voraussetzung für Selbstregulierung ist ein liebevolles Klima, wo affektive Zuwendung möglich ist, in dem keine rigiden Deutungsmuster von den erwachsenen Bezugspersonen vorgegeben sind, sondern der Erfahrungsspielraum für das Kind in jeder Hinsicht offen gehalten wird." [5]

Anfang der 70er Jahre des letzten Jahrhunderts gründeten sich weitere Freie Alternativschulen in der BRD. Seit ihrer Gründungsphase stellen die Freien Alternativschulen eine lebendige und vielseitige Bewegung dar.

„Die nach weiterhin ablehnender Haltung der Behörden 1974 gegründete „Freie Schule Frankfurt" musste sich in der Folge ihr Recht auf dem Gerichtsweg erstreiten, was ihr erst 12 Jahre später durch die staatliche Anerkennung gelang. Dieses Schicksal – jahrelanger Schulbetrieb unter dem Druck der Illegalität und ohne staatliche Gelder – teilten in den folgenden Jahren viele andere Alternativschulen in der BRD, [...]." [6]

In der Öffentlichkeit wurde die Entstehung von Alternativschulen erst stärker wahrgenommen, als die bildungspolitischen Auseinandersetzungen nicht mehr von der Diskussion um die Gesamtschulen dominiert wurden (was gegen Ende der 70er Jahre der Fall gewesen sein dürfte). 1978 fand ein erstes Bundestreffen von in freien Alternativschulen bzw. in Gründungsinitiativen organisierten Menschen statt. Durch die Umwelt- und Friedensbewegung mit neuen Impulsen ‚versorgt', wurden sowohl umweltpädagogische als auch Inhalte aus dem interkulturellen Lernen in die Weiterentwicklung der freien Alternativschulen (FAS) einbezogen. 1988 gab es 18 FAS in der BRD. Diese Entwicklung führte u.a. zur Gründung des Bundesverbandes der Freien Alternativschulen (BFAS).

„Während die ‚Freie-Schule-Gründungseuphorie' der 80er Jahre in den alten Bundesländern in den 90er Jahren deutlich nachließ, kam mit der Wiedervereinigung Deutschlands aus dem Osten neuer Schwung und neue Hoffnung in die Alternativschulbewegung." [7] Es gründeten sich Freie Alternativschulen u.a. in Altmark, Dresden, Erfurt, Leipzig, Ostberlin und Potsdam. Ende der 90er Jahre gab es in der BRD 36 arbeitende freie Alternativschulen mit insgesamt 1600 SchülerInnen. Die 1979 von Lutz van Dick aufgeworfene Frage, ob es eine Alternativschulbewegung gibt, kann Michael Maas 1998 nur eindeutig bejahen. [8] „Als eine Bewegung der radikalen Reformschulpraxis nimmt sie [die Alternativschulbewegung; d. Verf.] in der Bildungslandschaft der BRD eine bedeutende Rolle ein, die sie noch längst nicht ausgespielt hat. Den Freien Alternativschulen geht es nicht nur um die Veränderung einzelner Elemente des Schulbetriebs, sondern darum, die Schule im ganzen auf sich wandelnde pädagogische und gesellschaftliche Herausforderungen hin neu zu entwerfen. Gerade deshalb sind sie auch für die Entwicklung des allgemeinen Schulwesens von größter Bedeutung."[9]

Im März 2010 gibt es 86 freie Alternativschulen und 11 Gründungsinitiativen, die dem BFAS als Mitglieder angehören[10]. Die große Mehrzahl dieser Schulen arbeitet in freier, einzelne in kommunaler Trägerschaft.

1   Als Ursache für die herausragende Entwicklung von Kinderläden in West-Berlin nennen die AutorInnen der Berliner Autorengruppe: „In West-Berlin waren (wegen seiner besonderen Lage inmitten des Territoriums der DDR, wegen der strukturellen wirtschaftlichen Schwäche, wegen der ‚Bollwerfunktion') die Widersprüche einer spätkapitalistischen Gesellschaftsordnung am deutlichsten sichtbar." Berliner Autorengruppe, 1971; S.21

2   So gab die Kommune 2 den Bericht der sowjetischen Pädagogin Wera Schmidt heraus, die Anfang der 1920er Jahre ein freies Kinderheim leitete. Dieses Kinderheim-Laboratorium in der Nähe von Moskau versuchte die Grundsätze der Psychoanalyse mit denen kommunistischer ErzieherInnen zu verbinden. Die Kinder sollten lernen, als Teil eines Kollektivs aufzuwachsen, ohne ihren Eigenwillen, ihre Neigungen und individuellen Fähigkeiten negieren zu müssen. Der Bericht von Wera Schmidt wurde in Teilen der StudentInnenbewegung diskutiert.

3   Kinderschule Frankfurt in: Kron (Hrsg.), 1973; S.43

4   Kinderschule Frankfurt in: Kron (Hrsg.), 1973; S.46

5   Kinderschule Frankfurt in: Kron (Hrsg.), 1973; S.46/47

6   Maas, M.: in Borchert/ Maas (Hrsg.); 1998; S.16

7   Maas, M.: in Borchert/ Maas (Hrsg.); 1998; S.17

8   Vgl.: Maas, M.: in Borchert/ Maas (Hrsg.); 1998; S.17

9   Maas, M.: in Borchert/ Maas (Hrsg.); 1998; S.17

10 Vgl.: BSAF: homepage; Stand 10.04.2010

Vernetzen hilft - der Bundesverband der Freien Alternativschulen

von Tilmann Kern, Geschäftsführer BFAS

Der Bundesverband der Freien Alternativschulen (BFAS e.V.) ist ein Zusammenschluss von fast 100 Freien Alternativschulen und Gründungsinitiativen in Deutschland, deren Basis selbst bestimmtes Lernen, demokratische Mitbestimmung und gegenseitiger Respekt ist.

Was uns wichtig ist!

Demokratie leben

„Die gesellschaftlichen Probleme der Gegenwart und Zukunft (Ökologie, Kriege, Armut) sind auf demokratische Weise nur von Menschen zu lösen, die Eigenverantwortung und Demokratie leben können. Alternativschulen versuchen, Kindern, Lehrern und Eltern die Möglichkeit zu bieten, Selbstregulierung und Demokratie im Alltag immer wieder zu erproben. Das ist die wichtigste politische Dimension der Alternativschulen." (Wuppertaler Resolution)

Demokratische Staaten sollten im 21.Jahrhundert auch demokratisch organisierte Bildungssysteme kultivieren. Der beste Weg, junge Menschen zu ermuntern, sich als mündige Bürgerinnen einer Demokratie zu engagieren, ist, sie so früh wie möglich an Entscheidungsprozessen teilhaben zu lassen. So sollten Kinder und Jugendliche in vielen Bereichen ihres Schullebens federführend mitbestimmen können. Dadurch lernen sie zu entwickeln, was sie wirklich wollen.

Kind sein

„Alternativschulen sind Schulen, in denen Kindheit als eigenständige Lebensphase mit Recht auf Selbstbestimmung, Glück und Zufriedenheit verstanden wird, nicht etwa nur als Trainingsphase für das Erwachsenendasein", lautet ein weiteres Prinzip, dem sich Freie Alternativschulen verpflichtet fühlen.

Das heißt, dass Erwachsene - Eltern wie Pädagogen - den Kindern und ihren Wünschen mit Respekt begegnen. Kindern müssen in der Schule Freiräume geschaffen werden, wo sie nicht ständig kontrolliert und reglementiert werden. Kinder sollten im Schulalltag viel Zeit für das Freie Spiel haben und spontan handeln können, ohne dass alle Aktivitäten auf einen tieferen pädagogischen Hintergrund zurückgeführt werden können. Lebensfreude allein ist hier Sinn genug.

Leben und Lernen

„Alternativschulen schaffen einen Raum, in dem Kinder ihre Bedürfnisse wie Bewegungsfreiheit, spontane Äußerungen, eigene Zeiteinteilung, Eingehen intensiver Freundschaften entfalten können", heißt ein weiteres Ziel, dass Freie Alternativschulen sich mit der Wuppertaler Resolution gesteckt haben.

Da die Schule ein wichtiger Lebensort der Kinder und Jugendlichen ist, muss sie ein Ort sein, an dem sie sich gerne aufhalten, mit dem sie sich identifizieren können. Dafür muss die Schule in erster Linie Raum bieten, in dem sich die die Kinder und Jugendlichen frei entfalten, ihre Interessen verfolgen und Fähigkeiten entfalten können. Die Schulen sollten ihnen dafür eine respektvolle, entspannte, anregende Umgebung bieten, die von allen Beteiligten gestaltet wird.

Beweglich bleiben

„Alternativschulen", heißt es in den Wuppertaler Thesen, „sind für alle Beteiligten ein Raum, in dem Haltungen als veränderbar und offen begriffen werden können." Das bedeutet, dass sie sich selbst kritisch hinterfragen und regelmäßig prüfen, ob ihre Vorstellungen von Mensch und Gesellschaft sowie ihre pädagogischen Auffassungen noch mit ihren Erkenntnissen und Erfahrungen übereinstimmen. Sie fragen ebenso, ob sich diese Erkenntnisse und Erfahrungen tatsächlich im Alltag ihrer Schulen wieder finden und inwieweit sie von der Mehrheit der an den Schulen Beteiligten getragen werden. Dabei bemühen sie sich, Neues in ihre Arbeit einfließen zu lassen und Dogmatisierung in der Pädagogik zu vermeiden. Schule als eine lernende Einrichtung muss – genauso wie sie es ihren Schülerinnen vermittelt – an ihrer Entwicklung arbeiten.

Und was macht der BFAS?

Ein wesentlicher Grund 1988 den BFAS zu gründen, war das Ziel von Schulen und Gründungsinitiativen, sich in einem Zusammenschluss gegenseitig zu unterstützen. Die bundesweite Vernetzung sowie der informelle Austausch der Freien Alternativschulen untereinander ist seitdem ein fester Bestandteil der Verbandsarbeit. Unter dem Dach des BFAS gibt es inzwischen die jährlichen Bundestreffen, Fortbildungsangebote, gegenseitige Hospitationen, regelmäßige Treffen der Geschäftsführer und den fachlichen Austausch von pädagogischen Mitarbeitern Freier Schulen.

Eine der Hauptaufgaben des Bundesverbandes ist die Beratung von Schulen und Gründungsinitiativen. Diese Unterstützung hat in den vergangenen zwanzig Jahren zu einer Vielzahl von erfolgreichen Gründungen Freier Alternativschulen beigetragen. Neben der Begleitung in der Startphase, bietet der Verband aber auch Hilfe bei Alltagsfragen und bei der Weiterentwicklung einer Schule oder vermittelt an kompetente Partner weiter. Die wesentlichen Beratungsfelder sind:

- Konzeptentwicklung
- Finanzierung
- Organisationsentwicklung
- Rechnungswesen / Verwaltung
- Konfliktberatung
- Rechtsberatung

Zusätzlich zu den Beratungsangeboten informiert der Verband regelmäßig im BFAS-Infobrief und auf der Homepage über die Themen: Freie Alternativschulen, Reformpädagogik, Gesetzesänderungen, Stellengesuche/ -angebote, Rechtssprechung, Praktika / Ausbildung, Termine / Veranstaltungen.

Ein großer Erfahrungsschatz ist mittlerweile das BFAS-Archiv in Leipzig, wo Antworten auf viele Fragen zum Thema „Alternativschulen" gespeichert sind.

Eine weitere wichtige Aufgabe des BFAS ist die Vertretung der Interessen Freier Alternativschulen nach außen. Dabei geht es in erster Linie darum, für die Ideen und Ziele der Alternativpädagogik einzutreten. Das geschieht sowohl gegenüber politischen Parteien und anderen Bildungsorganisationen als auch gegenüber den Medien und Behörden. In diesem Rahmen unterstützt der Verband Rechtsverfahren, vertritt die Mitgliedsschulen in bildungspolitischen Arbeitskreisen und hilft bei Konflikten mit Ministerien oder Schulämtern. Dabei arbeitet der BFAS mit verschiedenen Verbänden, wie der Freinet Kooperative, zusammen und engagiert sich in Zusammenschlüssen wie dem effe (Europäisches Forum für Freiheit im Bildungswesen) oder IfBB (Institut für Bildungsforschung und Bildungsrecht).

Die aktuellsten Entwicklungen aus der Welt der freien Alternativschulen findet man immer auf www.freie-alternativschulen.de!

Eine kurze Chronik.

1990
Eine Elterngruppe gründet den Verein „Freies Lernen in Berlin"e.V. als Initiativ-gruppe für den Aufbau einer Grundschule und eines Schülerladens.

1992
Die noch nicht genehmigte Freie Schule Prenzlauer Berg nimmt ihre Arbeit in einer Ladenwohnung in der Jablonskistraße auf.

1994
Während der Renovierung der Räumlichkeiten kommen wir vorübergehend in einem Jugendclub in der Hosemannstraße unter.

1995
Der Verein erhält erste positive Signale vom Schulsenat. Nachdem wir unser pädagogisches Konzept eingereicht hatten, wird uns im Herbst vom Senat ein „Besonderes pädagogisches Interesse" zuerkannt.

1996
Zum Schuljahresanfang werden erstmals offiziell zwanzig Kinder, die altersmä-ßig über alle Grundschuljahrgänge verteilt sind, in die Freie Schule Prenzlauer Berg eingeschult.

1997
Seit dem 1. Januar sind wir eine „Vorläufig genehmigte private Ersatzschule". Im Sommer ziehen wir um in neue Räumlichkeiten – eine ehemalige Kita in der Thomas-Mann-Straße.

2001
Die Schule erhält die staatliche Anerkennung als private Ersatzschule. Jetzt bekommen wir auch einen Zuschuss für den Schulbetrieb.

2004
Wir übernehmen die Trägerschaft für die neu gegründete Freie Schule Charlot-tenburg.
Unsere Schule braucht größere Räumlichkeiten und zieht deshalb zum Schuljah-reswechsel in das Gebäude der ehemaligen Evangelischen Kita in die Wolliner Str. 25/26 um. Vor allem in Elternarbeit wird das Gebäude komplett saniert.

2005
Wir übernehmen die Trägerschaft für die Freie Montessorischule in Köpenick.

Der Umbau des Schulgebäudes schreitet voran. Die Schulräume auf 3 Etagen stehen uns nach Eröffnung der Souterrainetage vollständig zur Verfügung.

2006
Auch für die Freie Schule Kreuzberg übernehmen wir die Trägerschaft. Draußen werden die Terrassen fertig und über dem Sandkasten entsteht unser 2. Pfahlbau. Im Herbst beginnen die Umbauten des ehemaligen Gemeindesaals. In einer großen Schulversammlung (Eltern, Kinder, Angestellte) wird im November unsere Schule in „Freie Schule am Mauerpark" umbenannt und damit dem Standort im Brunnenviertel angepasst. Wir haben inzwischen insgesamt 52 Schüler.

2007
Übernahme der Trägerschaft für die Naturschule im Stadtgut. Mit Unterstützung der Programme „Soziale Stadt" und dem Investitionsprogramm „Zukunft Bildung und Betreuung" (IZBB) und unter Einsatz eigener finanzieller und personeller Ressourcen konnte der ehemalige Gemeindesaal zur Schulaula und zu einem Veranstaltungssaal für das Brunnenviertel umgebaut werden.

2008
Das pädagogische Team hat eine konkretisierende „Pädagogische Arbeitsgrundlage" zum schon existierenden „Pädagogischen Konzept" aus dem Jahre 1995 formuliert.
Es entsteht eine Schuldruckerei, die unsere Kinder beim Schriftspracherwerb unterstützt und zum Drucken und Buchbinden einlädt.
Mit Unterstützung von Soziale Stadt kann eine Vollküche gebaut werden.
Projekte des Brunnenviertels beginnen in vielfältiger Weise den Veranstaltungsraum zu nutzen.

2009
In unsere nagelneue Küche zieht ein Schulkoch ein und die Vorverhandlungen zum Kauf des Schulhauses konkretisieren sich.

2010
Endlich sind die Verträge unter Dach und Fach – das Schulgebäude gehört uns (und der Bank). In unsere Schule gehen inzwischen 63 Kinder. Wir haben damit unsere Sollgröße erreicht. 10 Lehrer/innen, zwei Verwaltungsangestellte, ein Koch, eine Reinigungskraft und eine Hausmeisterin sind beim Schulträger angestellt.
Für die Kinder stehen neben den Lernräumen ein Malort, ein Ruheraum, eine Holzwerkstatt, ein Musikraum, ein Toberaum, eine Druckerei, ein Tanzraum und ein großer Garten zur Verfügung.
Mal sehen wie's weiter geht...

Damals

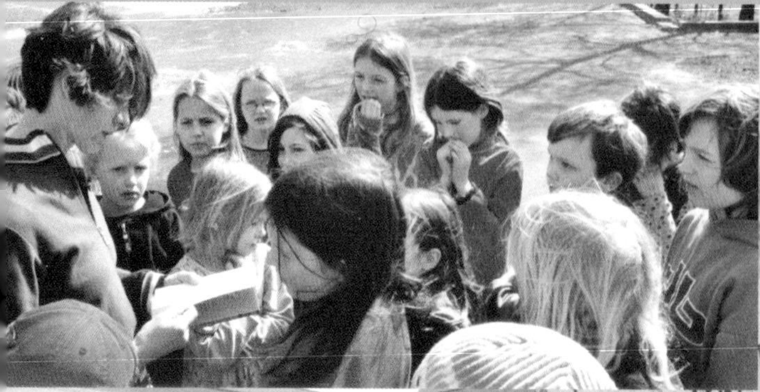

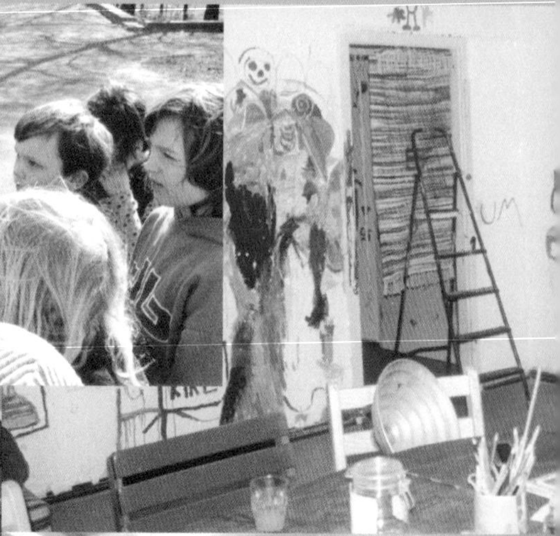

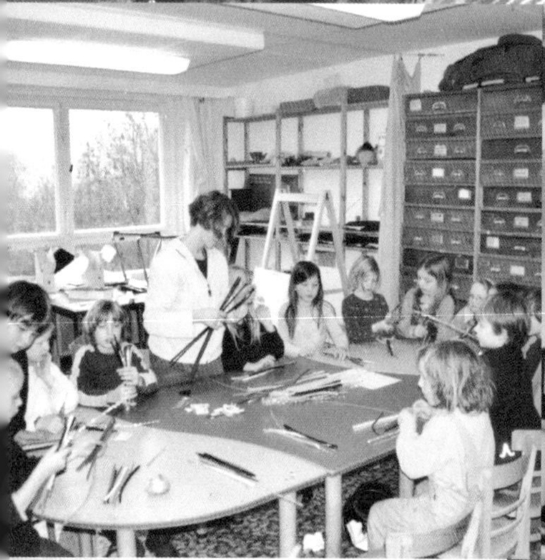

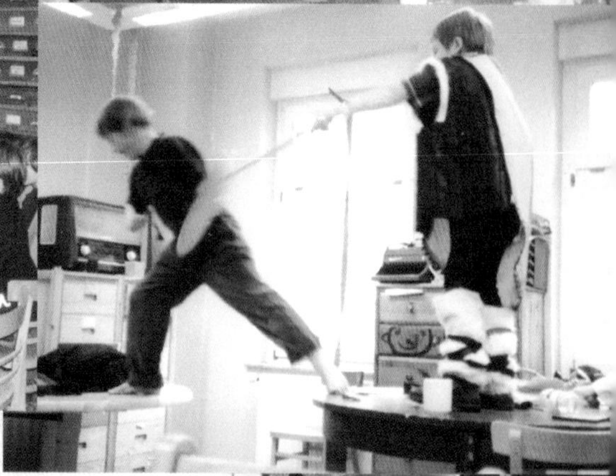

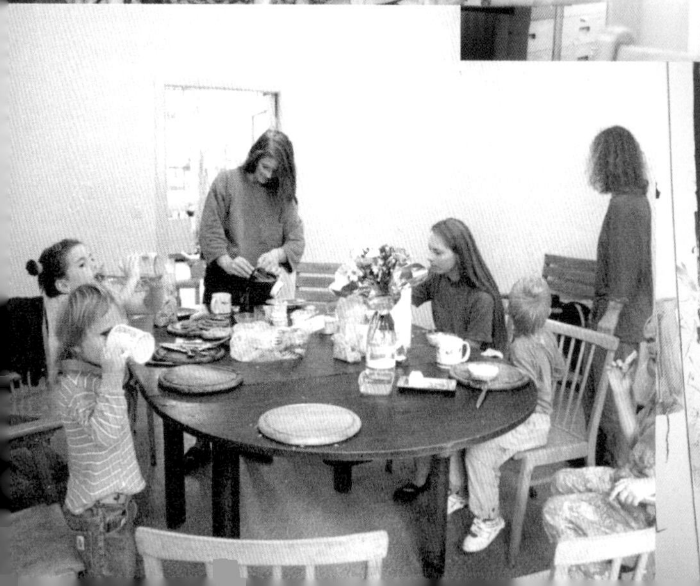

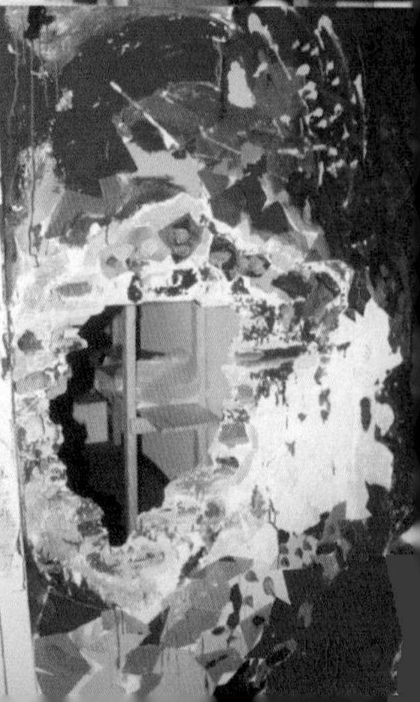

Interview mit Lena Alex (25, Schülerin an der Freien Schule Prenzlauer Berg von 1994 bis 1997, derzeit tätig als Köchin) und Kaspar Köppen (25, Schüler an der Freien Schule Prenzlauer Berg von 1994 bis 2000, derzeit in Ausbildung zum Heilerziehungspfleger)

Das Interview führten Matthias Hofmann, Anke Zeuner und Stephanie Schürfeld

Woran erinnert ihr euch, wenn ihr an eure Schulzeit in der Freien Schule Prenzlauer Berg zurück denkt?

Kaspar: Meine erste Freie-Schule-Erinnerung habe ich an die Einschulung. Ich hätte gern so eine Zuckertüte gehabt – aber die gab's nicht.

Und dann erinnere ich mich sofort an diesen Wanddurchbruch, den wir Kinder gemacht haben. Das war noch in der Jablonskistraße. Uns hatte genervt, dass wir ein bestimmtes Zimmer nicht vom Flur direkt betreten konnten. Wir mussten immer einen Bogen durch einen anderen Raum machen. Tja, und dann haben wir eben ein riesengroßes Loch in die Wand gehauen, damit wir schneller in das Zimmer rein kommen. Das gab richtig Ärger.

Außerdem war da noch die Geschichte mit einem Betreuer, den wir so zur Weißglut gebracht haben, dass er eine Tür eingetreten hat.

Und dann kann ich mich noch an diese beiden Räume erinnern, die mit einer Schiebetür verbunden waren. Der eine Raum gehörte den Jungs und der Andere den Mädchen. Da flogen dann regelmäßig Sachen und Beschimpfungen hin und her.

Momentan kommt es mir so vor, dass wir machen konnten, was wir wollten. Es gab keinen geregelten Plan. Wir kamen morgens in die Schule und dann haben wir getan, was wir wollten. Wir sind durch die Gegend gesprungen und hatten unseren Spaß.

Dann ab der 4. Klasse haben wir uns gedacht, naja, das geht ja hier nur bis zur 6 - jetzt müssen wir mal langsam was tun. Da waren wir aber auch bereit, was zu lernen und dann haben sich die Erwachsenen Gedanken gemacht.

Irgendwann gab es dann wieder eine Phase, wo wir so blöd zu den Erwachsenen waren, dass die uns nicht mehr unterrichten wollten. Da mussten wir uns selber unterrichten. Hat auch ganz gut funktioniert.

Lena: Die ersten Jahre empfand ich als sehr chaotisch, weil noch gar nicht so klar war, wo was passiert. Es gab gar keine Struktur. Jeder von den Erwachsenen hatte ein anderes Konzept im Kopf. Ständig gab es irgendwelche Eltern, die vorbei kamen und irgendwas unterrichtet haben oder vorgelesen haben. Das war eine ständig wechselnde Besetzung.

Da hieß es plötzlich „Kommt wir machen jetzt Mal ein Projekt und bauen einen Heißluftballon." Und dann haben wir aus Pergamentpapier einen riesengroßen Ballon gebaut und haben den dann draußen steigen lassen. Das hat uns zwei Tage komplett beschäftigt. Wir waren mit dem Kopf und mit den Händen dabei und haben natürlich auch Sachen gelernt. Vieles auch spielerisch, so dass wir erst mal nicht an Unterricht dachten.

Aber wenn wir Fragen hatten, was lernen wollten, dann war immer jemand da, der geholfen hat. Ich würde sagen, es war Unterricht in einer anderen Form und irgendwann später haben wir auch in Lerngruppen gelernt und es gab Aufgabenlisten. Das Ganze hat ein bisschen System bekommen. Wer z.B. zweimal nicht zur Englischgruppe kam, musste sich rechtfertigen. Und keine Lust zu haben, hat als Rechtfertigung irgendwann auch nicht mehr ausgereicht.

Was fandet ihr denn besser – das anfängliche „Chaos", wie ihr sagt, oder das etwas strukturiertere Lernen?

Lena: Also dieses totale Chaos, so wie es ganz am Anfang war, hatte schon etwas, weil man so frei sein und alles Mögliche ausprobieren konnte. Man konnte z.B. einfach in der Werkstatt herumbasteln und da stand nicht ständig einer daneben und hat gesagt, „Pass auf, das ist verdammt gefährlich!" Klar war das auch riskant, aber andererseits...ich fand das auf jeden Fall auch gut.

Überhand genommen hat es vielleicht mit den ganzen Kleinkriegen zwischen Jungen und Mädchen. Erst waren die Räume anders belegt und dann haben wir uns das selbst so eingeteilt. Erst haben die Mädchen in „ihren" Raum keinen Jungen mehr rein gelassen. Und dann haben die Jungen ganz schnell gesagt, okay, dann kommt ihr auch nicht mehr in unseren Raum.

Es gab viele kleine Handgreiflichkeiten, aber an was richtig Schlimmes kann ich mich nicht erinnern. Klar hat sich mal jemand gestoßen oder es ging ein bisschen ruppig zu. Aber ich kann mich nicht dran entsinnen, dass ich da Angst gehabt hätte vor jemandem oder dass es richtige Feindschaften gegeben hätte.

Es gab trotzdem immer wieder Situationen, in denen wir alle zusammen raus gegangen sind. So ein Gemeinschaftsgefühl von Grund auf war da.

Kaspar: Ich glaub die Kombination war ganz gut, dass man die ersten 3-4 Jahre Kind sein und machen konnte, was man wollte. Irgendwann haben wir uns aus eigenem Interesse an dieses schulische Ding herangetastet. Das Interesse dafür war plötzlich da. Es wurde nicht aufgezwungen, es war einfach da. Einmal sagte die Lehrerin „Oh nein, ich will kein Diktat mehr schreiben!" und wir: „Wir wollen Diktat schreiben!"

Das hat gut funktioniert. Wenn man sich mal anguckt, was die Kinder bis zur 4. Klasse machen, könnten sie auch genauso gut draußen auf der Straße spielen. Das bringt ihnen, glaub ich, mehr.

Woher kam plötzlich die Motivation für Schule?

Kaspar: Na, weil es wieder was Neues war. Und es war von uns aus, wir hatten nicht das Gefühl wir müssen jetzt da sein. Wir konnten auch stattdessen zu Kaiser's gehen und Süßigkeiten kaufen.

Lena: Ja, vor allem kommt vieles auch von ganz alleine. Als ich sieben oder acht war, wollte ich natürlich auch wissen ob z.B. auf der Milch wirklich Milch steht. Das ist ja so ein Grundinteresse, das jedes Kind im Schulalter mit sich bringt. Ich glaube, Kinder stellen die Fragen von ganz alleine, wenn es für sie an der Zeit ist - gerade was Buchstaben und Zahlen angeht. Irgendwie will man doch diese neue Welt entdecken, die sich einem da öffnet. Und da bleibt man von selbst dran.

Ich hab relativ spät lesen gelernt, aber dafür konnte ich es dann sehr schnell. Mathe habe ich auch lange gar nicht gemacht, bis ich in der 4. Klasse ein paar Wochen nichts anderes gemacht habe. Irgendwann saß ich mit einem Lehrbuch aus der 7. Klasse da, was mir dann Jahre später auf einer anderen Schule wieder in die Hände geriet.

Das war eigentlich das große Plus der Freien Schule. Wenn ein paar Kinder was machen wollten, haben sie sich mit einem Erwachsenen in eine Ecke gesetzt und los ging's. Eben weil es noch keine feste Struktur gab, waren auch alle viel flexibler.

Wie viele Kinder und wie viele Erwachsene wart ihr?

Kaspar: Am Anfang waren wir 13-15 Kinder. Und Erwachsene waren meist drei da, manchmal auch fünf, weil noch Eltern da waren.

War die Zusammensetzung konstant oder kamen immer neue Kinder dazu?

Kaspar: Die ersten Jahre waren wir sehr konstant. Da kamen eigentlich nur Geschwisterkinder dazu. Mehrere neue Kinder kamen erst, als die Schule genehmigt wurde. Da gab es dann auch Konflikte und Machtspielchen mit den Kleineren.

Wie wurde denn mit diesen und auch anderen Konflikten umgegangen? Sowohl von Kinderseite als auch von Erwachsenenseite?

Kaspar: Wenn es zu heftig wurde, haben sich die Erwachsenen schon eingeschaltet. Außerdem gab es Versammlungen, wo die Konflikte geklärt wurden. Aber wir Jungs - wir haben uns halt geprügelt.

War es freiwillig zu den Versammlungen zu gehen?

Kaspar: Die Konfliktbeteiligten sollten schon dabei sein. Für alle Anderen war die Teilnahme aber eher freiwillig.

Und wie fandest du das? War das so okay oder hast du dir manchmal mehr Hilfe von den Erwachsenen gewünscht?

Kaspar: Manchmal bestimmt. Es gab halt so Zeiten, wo man derjenige war, der in Mode war. Dann war man eben drei Wochen der „Geknechtete" und dann kam der Nächste dran. Und als ich das langsam gecheckt hatte, sagte ich mir: „ Mist, jetzt bin ich wieder dran, da muss ich jetzt durch! Muss mich irgendwie wieder nach oben kämpfen."

Lena: Ja, aber letzten Endes war es doch so, dass man zu den Erwachsenen ging, wenn es zu unangenehm wurde. Das war ja nicht so, dass die unerreichbar waren. Wenn ich dann doch mal im Jungsraum gelandet bin und nicht raus gelassen wurde, dann hab ich eben Radau geschlagen bis jemand kam und mich rausgeholt hat.

Oder manchmal haben sich andere Kinder gestört gefühlt und dann sind sie zu einem Erwachsenen gegangen und haben gesagt: „Wir sind hier am Basteln und die zoffen sich die ganze Zeit, das stört.". Dann haben sich die Erwachsenen auch gekümmert.

Seid ihr damals schon weggefahren mit der Schule?

Lena: Ja, wir sind ganz oft nach Rolofshagen gefahren. Wir haben da immer in Wohnwagen gewohnt, gemeinsam gekocht und abends Lagerfeuer gemacht.

Kaspar: Und Milch von Ziegen gab's da auch.

Lena: Genau und wir haben da Verkleidungssachen gehabt und Rollenspiele gemacht, sind durch den Wald gepirscht oder waren ewig lange spazieren. Wir haben Blumen gesammelt oder uns irgendwelche Verfolgungsjagden ausgedacht und Tortenschlachten gemacht. Das waren mit die schönsten Zeiten - da draußen in Rolofshagen. Weil man wirklich eng beieinander war und weil auch die Gruppe so gut funktionierte.

Ich kann mich da auch noch an ein Pfannkuchenwettessen erinnern. Da hab ich 13 1/2 Pfannkuchen gegessen, 1 1/2 mehr als der, mit dem ich bis zum Ende da saß.

Wie war für euch der Wechsel auf die nächste Schule?

Lena: Ich bin nach 4 Schuljahren mit meiner Familie weggezogen - in ein kleines Dorf in Brandenburg. Ich wechselte dort auf eine staatliche Gesamtschule.

Das war das komplette Kontrastprogramm. Ich weiß noch, am ersten Tag dachte ich, ich bin nicht mehr ich selber. Ich kam in den Schulraum und war total aufgeregt. Das war alles so neu und spannend. Und dann kam dieser Mathelehrer rein. Alle standen am Tisch, der Füller musste schon offen neben dem Heft liegen - ich hatte noch nie vorher mit einem Füller geschrieben und kam mit dem Ding überhaupt nicht klar. Und im Reinkommen fing er schon an, seine täglichen Übungen zu diktieren.

Es hat ein paar Tage gedauert, bis ich mich daran gewöhnt habe - vor allem an das Tempo - aber dann war es okay.

Nach einer Weile habe ich gemerkt, dass die meisten Lehrer total unbeteiligt waren und dass Grundschüler auf dem Schulhof von den Großen verprügelt wurden. Dann dachte ich, krass, so kann Schule auch sein.

Nach den ersten Wochen der Eingewöhnung, zeigte sich dann, dass ich in den meisten Fächern eigentlich unterfordert war. Und wenn nicht, war ich sehr schnell in der Materie drin. Ich hab mich viel gelangweilt und deshalb gequatscht oder mich mit anderen Sachen beschäftigt. Deshalb bekam ich auch mehrere Verweise.

Nur eine Lehrerin hat erkannt, dass sie mich fordern muss. Sie hat mir dann immer Zusatzaufgaben gegeben. Das war die Einzige bei der ich mich benommen habe.

So im Nachhinein betrachtet, war die Zeit in der Freien Schule, wenn es auch nur vier Jahre waren, die prägendste Schulzeit überhaupt. Es war ein anderes Lernen, ein anderes Miteinander als auf den Schulen später.

Was hast du denn mitgenommen?

Lena: Also auf jeden Fall habe ich mitgenommen, mir Sachen selbst beizubringen. Als ich auf den weiterführenden Schulen war, habe ich viele Dinge nebenher gemacht. Ich habe angefangen Tango zu tanzen. Oder ich hab mir selber sechs Jahre lang Italienisch beigebracht - nur mit Büchern und CD´s, weil es auf dem Land weit und breit keine Sprachschule gab. Ich bin dann nach dem Abitur auch nach Italien gezogen und hab da gearbeitet und die Sprache angewendet und gemerkt, cool es hat geklappt.

Das ist das wichtigste, was ich aus der Zeit so mitgenommen habe. Man muss sich im Klaren darüber sein, was man will und es dann auch machen.

Kaspar: Was ich auch noch sehr wichtig finde: wenn ich etwas machen möchte, dann habe ich nicht diese Angst, es nicht zu schaffen. Wenn man's nicht schafft, dann schafft man's halt nicht. Wenn man's schafft, dann ist es super.

Auf dem Gymnasium ist mir auch aufgefallen, dass viele sich nicht trauen, was zu sagen. Da merke ich, das geht mir ganz anders.

Und für Noten hatte ich auch kein Bewusstsein. Ich weiß zwar eine sechs ist eine sechs und damit komme ich nicht weiter, aber ich bin nicht am Boden zerstört. Dann denke ich, naja, das nächste Mal wird's besser.

Und was war für dich so das Besondere am Schulwechsel?

Kaspar: Am komischsten fand ich am Anfang, dass da genauso viele Schüler in der Klasse waren, wie vorher auf der ganzen Schule. Ich hatte davor nicht den Umgang mit so vielen Menschen auf einmal. Das war schon ein bisschen komplizierter, aber ich hab mich da schnell dran gewöhnt.

Ansonsten, was diesen ganzen Unterrichtsstoff betraf, ging es mir eigentlich ähnlich wie Lena. Die Fächer, die ich schon kannte, waren ziemlich einfach zu bewältigen. Und in den neuen Fächern, z.B. Biologie oder Englisch, musste ich mir erstmal die Grundlagen aneignen. Das ging aber auch ziemlich schnell. Schon sehr bald war ich dann auf dem Stand der Anderen in der Klasse.

Gibt es etwas, wo ihr denkt, das hätte in eurer Grundschulzeit mehr vorkommen sollen? Gibt es Dinge, die ihr im Nachhinein schwierig findet?

Lena: Ich fand, es war eine gute Mischung aus total frei sein können und Lerngruppenarbeit. Wir waren viel draußen und haben eigentlich jede Woche irgendetwas anderes gemacht. Wir waren im Kino und sind Schwimmen gegangen. Eigentlich habe ich nichts Konkretes vermisst.

Kaspar: Manchmal habe ich vielleicht ein paar Regeln vermisst. So eine klare Linie - als Kind braucht man das manchmal. Aber das waren dann auch nur Momente.

Von meinem Bruder weiß ich, dass es schwieriger für ihn war. Im Nachhinein hätte er sich lieber auf einer Regelschule gesehen. Ihm haben die Grenzen gefehlt, er hätte eine klarere Linie gebraucht.

Lena: Mir fällt doch was ein. Ich hätte Naturwissenschafts-Angebote gut gefunden. So was hatten wir nicht und als sich mir auf der neuen Schule diese Welt eröffnete, dachte ich, Wahnsinn – Chemie, Physik, wieso habe ich davon noch nichts gehört.

Kaspar: Ja, das wurde aber später in der Freien Schule eingeführt als du schon weg warst. Da haben wir uns auch mit naturwissenschaftlichen Themen beschäftigt, die uns interessiert haben, z.B. das Weltall oder Biologie oder Physik.

Hattet ihr das Gefühl, dass auch die Erwachsenen an der Freien Schule glücklich waren?

Lena: Manche waren schon überfordert. Ein paar von den Eltern haben ganz schnell das Handtuch geworfen, haben gesagt „also mit der Rasselbande hier, das geht ja gar nicht, hier hört ja keiner auf den anderen". Aber die Erwachsenen, die sich durchsetzen konnten, bei denen waren dann auch alle schnell ruhig.

Untergegangen sind nur die, die sich so gar nicht Gehör verschaffen konnten, die nicht mal für sich selber Regeln aufstellen konnten. Es ging ja nicht nur darum, dass wir Kinder Regeln brauchten – darum haben wir uns selbst gekümmert. Es ging darum, dass wir wussten wie wir mit den Erwachsenen umgehen sollten. Wer da keine Grenzen gesetzt hat, hat Probleme bekommen. Am Anfang ist ja immer diese Austestphase wo wir Kinder geschaut haben, wie weit wir bei wem gehen konnten.

Wenn ihr hier durch die Räume geht – hat das noch irgendwas mit eurer damaligen Schule zu tun oder habt ihr das Gefühl, dass das was ganz Anderes ist.

Lena: Ich war schon ein paar Mal da, hab mich hingesetzt und zugeschaut, was hier so passiert. Ich kam mit ein paar Kindern ins Gespräch und beobachtete hier und da ein paar kleine Kindergrüppchen, die sich gerade mit irgendwas beschäftigen und rumwuseln. Dieses Kunterbunte ist eigentlich wie bei uns damals.

Nur gibt es jetzt viel mehr Räume und tolle Möglichkeiten – z.B. die Druckwerkstatt oder den Toberaum. Wir hatten damals eher so zusammengeschusterte Räume mit lauter Ecken und Kanten - mit Verletzungsmöglichkeiten ohne Ende. Da hing ein Boxsack und da war ein Hochbett in der Ecke. Und dann haben wir fünf Kissen aufgestapelt und sind vom Hochbett auf die Kissen gesprungen.

Und dann hatten wir eine Werkstatt, wo aber nur zwei Kinder auf einmal drin arbeiten konnten.

Und unser Schulgarten - das war so ein winziges Stück Erdreich direkt neben dem Schulhaus, wo über Nacht immer die Pflanzen geklaut wurden. Da haben wir ewig viel Energie und Geld rein gesteckt, aber es ist leider nie wirklich was daraus geworden. Nach eine Woche hieß es dann wieder, okay, wir können von vorne anfangen.

Außerdem mussten wir immer ein ganzes Stück bis zum Spielplatz laufen. Wir waren damals immer auf dem Abenteuerspielplatz Kollwitzplatz. So was habt ihr ja jetzt direkt vor der Tür. Das ist toll.

Friederike Marks, Schülerin an der Freien Schule Prenzlauer Berg von 1992 bis 1997

Wie ich zur Freien Schule kam...

Der Weg in die Freie Schule fing eigentlich an meiner alten Grundschule, einer „normalen" staatlichen Schule im Friedrichshain an, an der ich meine erste Klasse verbrachte.

Einige Gedanken kommen mir immer wieder in den Kopf, wenn ich von dieser Zeit erzähle.

Ich war unterfordert, ich habe mich gemeldet, kam nicht dran, weil die Lehrerin wusste, dass ich die Antworten eh wusste. Die Lehrerin spielte, nutzte ihre Macht aus. Butterkekse wurden dazu missbraucht, Wissen abzuprüfen, und nicht, wie eigentlich vorgesehen, den Kindern etwas Gutes zu tun. Ich war oft traurig und habe geweint. Meine Eltern haben erkannt, dass es so nicht weiter gehen kann und haben sich auf die Suche nach einer anderen Schule gemacht...

Die Anfangszeit und andere Erinnerungen

Sie fanden eine Elterninitiative, die dabei war, im Prenzl'Berg eine freie Schule zu gründen – die Freie Schule Prenzlauer Berg, wie sie bald heißen würde.

An ein paar Dinge erinnere ich mich noch gut: Am ersten Tag war ich aufgeregt, spielte mit meinem Bruder Diabolo. Alles war improvisiert, in einem großen Raum stand ein alter, dunkler, ovaler Holztisch, auch mal mit Blumen darauf. In diesem ersten Sommer war es sehr heiß und wir saßen mit Sabine K. und Heike W. im schattigen Hinterhof.

Später fingen wir Kinder an, viele - von außen her teilweise verrückt scheinende – Dinge zu tun: Kuchen aus Gips backen, einen (den legendären!) Durchbruch durch eine Wand zu machen und ihn bunt anzumalen. Wir bereiteten Kelly-Family-Konzerte vor, bei denen wir Playback gesungen, uns verkleidet und auf irgendwelchen - teilweise auch selbst improvisiert und gebastelten Instrumenten - gespielt haben. Wir bastelten Hunderte von Bommeln und gingen im Sommer fast jeden Tag in den Humboldthain ins Freibad. Doris' Morgenreiki war eine Zeitlang total beliebt, genauso wie das Mandala-Ausmalen oder Topflappenhäkeln.

Höhepunkte der Freien-Schule-Zeit waren mit Sicherheit die drei Rolofshagenfahrten, die einfach unvergesslich sind. So eine tolle Umgebung, Wohnwagen als Häuser, Wald, Felder, ein Riesenmandala (ein runder, mit Holz überdachter

Platz, wo auch gekocht wurde) unter freiem Himmel, das der Mittelpunkt und unser Lebensraum für drei Wochen war.

Milch mochte ich nie, aber die frische von den Kühen nebenan vom Bauernhof, die noch warm war und ganz anders geschmeckt hat als normale, mochte ich. Wir fuhren mit Fahrrädern in der Gegend herum, klauten Mais vom Feld und rösteten ihn überm Ofen. Wir grillten auch Nägel und machten ein Schachspiel aus Baumstämmen. Wir spielten Indianer und bemalten uns; ich war der Häuptling. Wir spielten „heiraten": Stefan und Franziska und ich und Lena. Das war ein bisschen komisch für mich... Auch aufs Klo gehen war manchmal seltsam; da saß man in so einem kleinen Holzhaus mit einem Herz in der Tür, die man nicht abschließen konnte und schaute aufs Feld. Es war total ruhig dort, nur einige Meter weg vom tobenden Leben.

Wir machten eine Nachtwanderung, bei der ich solche Angst hatte und Dete bereitete eine geniale Schatzsuche für uns vor. Jeden Mittwoch kam der Eiswagen. Wir warteten lange Zeit, hielten immer Ausschau vom Dach des ersten Wohnwagens aus und als der Eismann dann mit seiner Klingel läutete, stürzten wir hinunter und rannten, um uns Eis zu kaufen.

Kinder, Lehrer und Eltern

Die Kinder waren alle besonders. Mit manchen habe ich natürlich sehr viel Zeit verbracht: mit Franziska, Lena, Rike, Mimi, Fränzi, Anne, Jonas, Stefan... Das waren die Großen, die manchmal auch lernen wollten wie ich, mit denen wir witzige Ideen realisiert haben, gelacht und gequatscht haben und bei denen ich oft zu Hause war.

Trotzdem fehlten mir mehr und mehr Kinder in meinem Alter. Klar, ein paar waren nur wenig jünger als ich, aber eben nur wenige. Dadurch, dass ich die einzige in meiner Klassenstufe war und als zweite den Schulwechsel vorbereiten musste, fühlte ich mich doch irgendwie allein. Das war oft schwer und ich verbrachte deswegen viel Zeit mit den Lehrern und auch mit Praktikanten.

Ich kann mich an viele Gespräche mit Doris, Sylva und Dete erinnern. Nicht mehr an alle Inhalte, aber daran, dass ich eben viel mit ihnen redete und sie mich dadurch sehr gut kannten. Auch mit vielen von den Eltern hatte ich oft Kontakt, vor allem mit Gabi und Sabine. Ich glaube, dass diese Kontakte zu Erwachsenen sehr, sehr wichtig für mich waren.

Lernen

Irgendwann wollten wir, die Älteren, immer mehr lernen. Lesen konnte ich schon und schreiben auch. Als ich vielleicht in der vierten Klasse war, wollten wir Großen Englisch lernen. Wir fragten Dete, ob er uns Englisch beibringen kön- ne und er war einverstanden. Ich weiß nicht mehr, wie wir das genau machten, auf jeden Fall konnte ich in ziemlich kurzer Zeit irgendwie Englisch reden. Nur noch an einen Zettel, der mit Detes Handschrift und Sätzen und Wörtern zum Telefonieren beschrieben war, kann ich mich erinnern.

Zwei Jahre vor meinem Schulwechsel hatten wir dann auch einen richtigen Stundenplan mit Mathe, Deutsch und Englisch. Er war in verschiedenen Farben gemalt und stand in der Küche. Ich freute mich, dass endlich das alles ein biss- chen mehr Form annahm und dass es so für mich leichter wurde, mein Lernen zu organisieren. So musste ich nicht mehr den Lehrern hinterherlaufen und Verabredungen treffen.

Mathe war toll, wir machten viele Flächenberechnungen, suchten selbst nach Lösungswegen. Für Englisch kam irgendwann eine neue Lehrerin. Ich fand es toll, dass sie eine richtige Englischlehrerin war. Wir trafen uns oft zu zweit und ich denke, dass sie mir viel weiter half.

Der Schulwechsel

Schon lange vor der sechsten Klasse wusste ich, dass ich aufs Gymnasium woll- te. Dafür tat ich unwahrscheinlich viel. Vielleicht waren es gar nicht so viele Stunden, in denen ich tatsächlich lernte, aber es war viel zu organisieren, um dieses Ziel zu erreichen. Jeden Morgen lernte ich mit meinem Vater Mathe. Er erklärte mir Brüche – ich glaube sehr gut. Manchmal war das Lernen mit mei- nem Vater auch nicht so einfach. Das Mathebuch liegt immer noch bei uns im Schrank, ich weiß noch genau, wie es aussieht. Es war eine sehr intensive Zeit.

In den Sommerferien vor dem Schulwechsel lernte ich wie eine Verrückte den Grundwortschatz Englisch der Grundschule.

Am ersten Schultag war ich sehr aufgeregt, aber freute mich darauf, endlich viele Jugendliche in meinem Alter um mich zu haben.

Ich gewöhnte mich sehr schnell an das andere System und hatte in den ersten Jahren jedes Halbjahr ein besseres Zeugnis. Aber ich betrachtete die Lehrer und ihren Unterricht auch immer kritischer.

Was ich jetzt mache

Jetzt studiere ich seit drei Jahren in Aachen Spanisch, Französisch und Deutsch auf Lehramt. Eigentlich wollte ich nie Lehrerin werden – zumindest nicht an ei- ner normalen Schule. Mein Musiklehrer vom Leistungskurs am Gymnasium sagte mir nach einem super Reggae-Vortrag, dass er so einen tollen Vortrag noch nie gesehen hätte und dass ich die geborene Lehrerin würde. Mit der Idee, später an einer Alternativschule zu unterrichten, fing ich dieses Studium dann an.

Um zu sehen, wie so eine Freie Schule funktioniert, die größer ist und schon länger existiert, wollte ich nach Summerhill und dort mein erstes Praktikum machen. Das war mein Traum. Eine Woche vorher wurde mir abgesagt –wegen schulbehördlicher Probleme. Ich ging an eine andere demokratische Schule in England und war während dieser vier Wochen immer wieder begeistert von der Atmosphäre und der Gemeinschaft, von den Schulversammlungen, die im Gegensatz zu den unsrigen am Anfang, gut funktionierten. Seit letztem Jahr war ich nur noch an Reformschulen, wie jetzt gerade in diesem Moment, in dem ich diesen Text schreibe.

Ich bin von den zahlreichen und überaus interessanten Angeboten, die den Schülern dort gemacht werden, begeistert. Ich glaube, dass dies wichtig ist.

Die Beziehungen zwischen Lehrern und Schülern in unserer alten Schule im Vergleich zu den Schulen, die ich in der letzten Zeit kennen gelernt habe, waren aber um ein Vielfaches intensiver und freundschaftlicher und die Schulgemeinschaft einfach noch besser.

Das ist meiner Meinung nach die große Stärke der Freien Schule(n).

Und deshalb ziehe ich nach wie vor in Erwägung, später mal für eine Zeit an einer Freien Schule zu arbeiten.

Wir werden sehen...

Gedanken zu der Schulzeit

Ich kann nicht genau sagen, wie es für mich war, so viel Freiheit zu haben und jeden Tag selbst entscheiden zu können, was ich machen wollte.

Ich glaube, es war nicht besonders schwer für mich; ich konnte gut mit dieser Freiheit umgehen. Immer mal habe ich mich aber auch gelangweilt. Dann wieder, wenn ich zusammen mit anderen eine Idee hatte und ein Projekt verwirklichen wollte, war es ganz anders und die Zeit verflog nur so.

Ich denke, dass ich mich oft mit „sinnvollen" Dingen beschäftigt habe, ich hätte bestimmt aber auch profitiert, wenn es mehr Angebote von Seiten der Lehrer gegeben hätte. Heute sage ich oft, dass mich etwas nicht interessiert, ohne es vielleicht ausprobiert zu haben oder ohne mich näher damit beschäftigt zu haben. Zum Beispiel habe ich keine Ahnung von Geschichte. Vielleicht wäre es gut gewesen, hätten die Lehrer mir davon erzählt und mir gezeigt, dass das auch spannend sein kann.

Oft war es auch einfach schwer, sich beispielsweise gegen die Jungs, die gerade in der Anfangszeit pausenlos die Mädchen ärgerten, durchzusetzen. Dabei mussten wir lange Streits austragen und für unsere Wünsche kämpfen. Einmal kam in uns Mädchen der Wunsch auf, einen ruhigen Ort für uns zu haben, an dem wir nicht von den Jungs gestört werden. Ich erinnere mich, dass es lange gedauert hat, dies durchzusetzen. Dann war ich manchmal wütend, vielleicht auch wegen der fehlenden Unterstützung der Lehrer.

Was ich von der Freien Schule mitgenommen habe

Ohne zu überlegen, kann ich mit Bestimmtheit sagen, dass ich aus diesen fünf Jahren Freier Schule unheimlich viel mitgenommen habe.

Ich wäre ohne die Freie Schule heute nicht die, die ich jetzt bin.

Einerseits habe ich gelernt, für das zu kämpfen, was ich will, habe gelernt, die Wege dorthin zu organisieren, habe gelernt, Andere um Hilfe zu bitten. Andererseits habe ich auch gelernt, kritisch über Dinge nachzudenken und Sachen nicht einfach so hinzunehmen, wie sie sind - besonders auch dann, wenn es um Schule und ums Lernen geht.

Ich weiß auch, dass es wahr ist, dass Kinder irgendwie lernen wollen und sie es selbst in die Hand nehmen, wenn sie es wollen und dass es dann doppelt so schnell geht. Es war ganz selbstverständlich für uns, dass nicht alles von Erwachsenen reguliert wurde und dass wir Kinder auch in der Lage waren, wichtige Entscheidungen eigenverantwortlich zu treffen.

Ich denke manchmal an diese Zeit.

Danke besonders an Sylva, die Lehrerin, die immer da war zum Reden und Zuhören, Dete für seine tollen Spiele und Unterricht und meinem Papa, der diese Schule für mich gefunden hat, so intensiv an ihr mitgearbeitet hat und mir sehr beim Lernen geholfen hat. Ich bin froh um diese Erfahrung und die tolle Zeit!

Ich habe gelernt, dass ich für mich lerne

von Anna Will, Schülerin an der Freien Schule Prenzlauer Berg von 1999 bis 2005

Als ich zur 7. Klasse ans Gymnasium kam, hatte ich Panik. Alle Schüler hatten 30 Stunden die Woche gelernt, mussten die Römerzeit, Geographie und so vieles andere, von dem ich keine Ahnung hatte, behandelt haben...

Also habe ich die anderen Kinder gefragt: „Hattet ihr das schon?" „Wie war denn das, warum ist das Reich der Griechen zerfallen?", usw. Ich hatte wirklich Angst vor der Benotung (warum auch immer mir das so wichtig war), aber die Versuche, schulische Sachen von meinen Mitschülern zu erfahren, sind alle gescheitert. Ich hatte das Fach Erdkunde nie - meine damals beste Freundin Jenny hatte es, aber sie hatte alles vergessen.

Überhaupt hatten die anderen Kinder eine sehr merkwürdige Einstellung zum Lernen. Es hat mich entsetzt. Das Wichtige an einem Fach war nicht, ob es interessant war, sondern es ging nur um die Note. Ob das Thema begeisterte, war egal. Bedeutend und Pausenthema hingegen war, wie der Test dazu wohl sein würde.

Es ist erschreckend, auf welche Art das Lernen an staatlichen Schulen abläuft, wie wenig es um Menschen, Interesse, Persönliches geht und wie viel um „Stoff beherrschen", „Wissen", NOTEN. Ich merke, dass ich immer mehr auch so denke, jede und jeder muss sich eben irgendwie mit dem Schulsystem arrangieren.

Ich weiß aber auch, was ich an der Freien Schule gelernt habe - nämlich, dass ich für mich lerne. Es ist unglaublich simpel, aber der allerallerallergrößte Teil der Schüler/innen weiß das nicht.

Ich habe auch gelernt, dass Lernen spannend ist... Da ich mich für jedes Thema interessiere (wenn auch nicht unbedingt immer für den Unterricht, es gibt wirklich merkwürdige Lehrer), hatte ich schulisch nie Probleme.

Ich glaube, dass die Freie Schule das ideale Lernsystem ist. Die Kinder lernen selbstbestimmt und sie lernen, für sich selbst zu lernen. Und das ist das Wichtigste, was überhaupt zu erlernen ist im Leben.

Außerdem liebe ich an dieser Art Schule, dass Kinder Zeit zum Kindsein haben. Ich erinnere mich an sehr viele Nachmittage, Morgende und Vormittage, rumrennend auf der Wiese, im Gebüsch irgendetwas Geheimes planend, in den Hochhäusern begeistert Fahrstuhl fahrend... Wir haben uns um irgendwelche Sofakissen gekloppt, uns teilweise richtig schlimm gestritten, Flaschendrehen gespielt, Lehrer mit Mehl bekippt und sonstwas angestellt, wenn uns ein bisschen langweilig war.

Und wir hatten die Zeit dazu! Wenn ich daran denke, wie meine Grundschulzeit so war, dann fallen mir nicht - wie meinen Freunden - irgendwelche Lehrer ein, die soundso scheiße waren, sondern ich denke an Fußballspielen, Wiese, Garten, Sand und die anderen Kinder.

Wie im echten Leben ist an der Freien Schule nicht der Stoff, den man zu lernen hat, das Wichtigste. Die LehrerInnen interessieren sich für das ganze Kind, nicht nur dafür, wie gut es etwas lernt!

Ich hab keine Ahnung, wie ich wäre, wenn ich nicht auf diese Schule gewesen wäre. Aber ich bin auf jeden Fall sehr glücklich, da gewesen zu sein :)

Vom Zauber des Anfangs – meine erste Zeit an der Freien Schule Prenzlauer Berg

Sylva Hoffmann, Lehrerin an der Freien Schule Prenzlauer Berg/Freien Schule am Mauerpark seit 1994

Es war im Januar 1994, als ich zum ersten Mal die Bekanntschaft mit der Freien Schule Prenzlauer Berg machte, weil ich gern dort arbeiten wollte. Zu diesem Zeitpunkt befand sich die Schule in einer Wohnung im Erdgeschoss in der Jablonskistraße 11.

Atmosphärisch (auch lautstärkemäßig) war sie eher ein Bauspielplatz, auf dem die Kinder kreativ zu Werke gingen. Mir war dieser Ort, der die Freie Schule war, sofort sympathisch, denn er strotzte von kindlicher Lebendigkeit, die ich bisher an den Schulen, die ich kennen gelernt hatte, so sehr vermisste.

Die deutlichen Spuren von kindlichem Tun nach Lust und Laune prägten die gesamte Schule. Manchen Wänden war anzusehen, dass sich da jemand mit Hammer und Meißel ausprobiert hatte. Das „In der Schule Sein" bedeutete hier miteinander leben und lernen, wann und wozu die Kinder Lust hatten. Das konnte ganz viel Verschiedenes sein. Wichtig war den Kindern das Tätigsein bzw. Tätigwerden, in den dreieinhalb Räumen, die ihnen dafür zur Verfügung standen. In unseren Erwachsenenaugen waren das nicht immer sinnvolle Aktionen, die den Kindern einfielen. Aber sie sollten sich ausprobieren dürfen im Umsetzen von Vorhaben. Für sie war alles ein Spiel. Spielen und Lernen lagen ganz nah beieinander. Alles war im Fluss.

Als die Schulräume dann im März '94 renoviert und saniert waren, entstanden deutliche Hemmschwellen bezüglich der gestalterischen und kreativen Aktivitäten der Kinder. Wir mussten uns erst daran gewöhnen, dass nun alles neu und schick war und nur noch wenig Raum blieb zum freien Hämmern und Wände bemalen.

Nicht immer kamen alle der 16 Kinder jeden Tag in die Schule, weil sie teilweise noch nicht schulpflichtig waren.

Erwachsene waren wir drei, später vier, die den Kindern den ganzen Tag über zur Verfügung standen, wenn sie uns brauchten. Oft gingen wir im kleinen Trüppchen zum Spielplatz weiter unten in der Straße, um Hase und Jäger zu spielen. Die Kinder durften den Weg bis dahin noch nicht allein machen, so dass wir uns mit der Begleitung abwechselten.

Auch im kleinen Innenhof spielten die Kinder. Oft und gern benutzten sie den Baum, der auf dem Hof wuchs, als Marterpfahl, um „Gefangene" daran fest zu binden. Ein Spiel, das besonders die Jungs häufig spielten und das fast genauso häufig zu Beschwerden der Gefangenen führte...

Alte Kinderspiele zu spielen, wie etwa „Zitrone", "Kaiser von China" oder „Steh, geh!" war unter den Kindern sehr beliebt.

Gelernt wurde, wie gesagt beim Spielen, so ganz nebenbei und ständig.

Nachdem wir mit den Kindern die Internationale Tourismusbörse besucht hatten, spielten sie wochenlang Reisebüro:

Man musste eine Art Verreisepass ausfüllen, in den eingetragen wurde in welches Land man möchte und wie lange man dort bleiben will. Ich reiste auf diese Art für zwei Monate nach Ghana.

In Deutsch, das hieß wirklich damals schon so, schrieben die Kinder gern Nonsenssätze, wie z.b. diesen hier:

DONNERSTAG DACHTE DESHALB DER DICKE DACHS, DAß DIENSTAG DAS DORF DEM DONNER DANKT. DAFÜR, DAß DER DURSTIGE DOKTOR DEN DÄMLICHEN, DRECKIGEN DRACHEN DUNKEL DUSCHTE.

Oder wir spannen Geschichten mit dem Wollknäuel, spielten das Onkel-Fritz-sitzt-in-der-Badewanne-Spiel, um einige Beispiele zu nennen. Das, was wir Deutsch nannten, fand jeden Tag zu unterschiedlichen Zeiten statt und meistens mit den gleichen Kindern.

Manche Kinder kamen und wollten was machen, wie sie das nannten, und manche spielten oder werkelten und waren damit zufrieden. Wir Erwachsenen nahmen das gelassen. Wer nicht offensichtlich lernte, spielte viel, auch gern Schach oder andere Brett- und Kartenspiele, ging in die Werkstatt, malte oder traf sich im Toberaum mit anderen, die Spaß am sich bewegen hatten. Im Toberaum wurde eine zweite Ebene eingezogen, damit sich die Kinder auch mal zurückziehen konnten, wenn sie wollten, um einfach nur abzuhängen. Zumindest konnten sie ein wenig abtauchen und ganz unter sich sein.

In der Werkstatt, die ganz klein war, war immer viel los. Nägel krumm klopfen war sehr beliebt. Es wurde aber auch an richtigen Vorhaben gearbeitet. Die Jungs bauten sich gern Waffen: Schwerter, Gewehre, um für ihre Kampfspiele gut ausgerüstet zu sein.

Der Vormittag hatte viele Gesichter. Er war nicht nur allein DEM Lernen vorbehalten. In meinen Aufzeichnungen finde ich einen tagebuchartigen Eintrag, den ich hier kurz wiedergeben will:

Lena strickt an einem Puppenschal.

Stefan hat Tee und Kaffee gekocht.

Die Jungs hören Musik.

Florian und Jonas streiten sich gerade.

Jacques und Stefan sind ohne Handwagen einkaufen gegangen.

Ein paar Mädchen sind auf den Spielplatz gegangen.

Viele Vormittage verbrachten wir, gerade im Sommer bzw. an den vielen schönen Tagen, die im Frühjahr beginnen und bis in den Herbst hineinreichen, im Friedrichshainer Park. Im Gebüsch bauten sich die Kinder Höhlen und stundenlang spielten wir alle zusammen Räuber und Gendarm. Essen und Getränke hatten wir immer für alle dabei und auch Stifte und Papier für den Fall, dass jemand was machen wollte. Bücher zum Vorlesen auf der Decke durften nicht fehlen, denn das liebten die Kinder.

Vorgelesen haben wir auch in der Schule viel. In der gemütlichen Vorleseecke versammelten sich gern Jungs wie Mädchen, um gemeinsam in Geschichten einzutauchen. Das waren immer sehr angenehme und kurzweilige Stunden.

Ich erinnere mich an Tage, an denen sich die Kinder verkleideten und bis zum Ende des Schultages in immer neue Verkleidungen schlüpften und im gemeinsamen Spiel verschiedenste Rollen ausprobiert hatten. Das war an diesem Tag ihr wichtigstes Bedürfnis. Was sie dabei gelernt haben, gehörte ihnen allein und war von außen nicht zu sehen. Aber es machte sie sehr zufrieden.

Gern nahmen sich die Kinder Wolle aus der Schublade, um zu stricken oder um Glückssterne zu basteln, die sie zu Hause an ihre Eltern verschenkten. Da machten natürlich auch die Jungen mit. Besonders vor Weihnachten waren immer alle mit Basteln und Bauen beschäftigt.

Gemalt wurde den ganzen Tag über sehr viel. Das begann gleich morgens, wenn die Kinder in die Schule kamen: z.B. Phantasiebilder mit Regenbogen und buntgestreiften Schmetterlingen, die auf grünen Grasklecksen sitzen. Auf den Bildern der Jungs entstanden häufig Kampflandschaften oder witzige Männchen. Ich erinnere mich an tief versunken dasitzende Kinder, die durch nichts vom Malen abzulenken waren, obwohl es meistens sehr lebhaft und laut zuging.

Manche Jungs spielten monatelang mit Powerrangern. Die Kämpfe, die sie mit diesen verwandelbaren Plastikfiguren spielten, waren so eine Art Rollenspiel. Der Schauplatz war meistens der große Tisch in der Küche, so dass auch immer genügend Zuschauer anwesend waren.

Mit Lego zu spielen, war eine beliebte Beschäftigung unter den Jungs. Völlig zeitvergessen bauten sie an eigenen ausgedachten Kreationen. Sogar als es dann einen Computer gab, zogen manche das Bauen mit Lego dem Spielen am PC vor. Sie hatten dafür einfach keine Zeit.

Um die Nutzung des Computers entspann sich eine wochenlang währende Diskussion, die teilweise auf der KINDERversammlung und auch in der Schülerzeitung „Joker" per Umfrage unter der Fragestellung: Sollte es bei uns Computerzeiten geben? geführt wurde. Es ging darum, ob und wenn ja, wann Spiele darauf gespielt werden sollten/dürften. Das Ergebnis wurde dann in der Zeitung veröffentlicht.

Gern schrieben und malten die Kinder Briefe, die sie sich hin und- hergaben oder die für ihre Eltern waren. Auch wir Erwachsenen bekamen Briefe und schrieben zurück. Damit konnten wir komplette Tage verbringen, denn niemand wartete gern lange auf eine Antwort.

Jeden Tag haben wir für die Kinder gekocht. Dafür mussten wir täglich einkaufen gehen. Die Kinder schrieben die langen Einkaufszettel und dann zogen wir mit dem Handwagen los in den Laden an der Ecke, oben an der Jablonskistraße.

Wollten die Kinder etwas ganz Bestimmtes lernen oder üben, machten sie an dem Tag, an dem dieses Bedürfnis entstand, mit einem von uns einen Termin aus. Entweder trafen wir uns dann noch am selben Tag oder verabredeten uns für den Nächsten.

Die schon etwas älteren Kinder aus dem 4. und 5. Jahrgang, zwei bis drei an der Zahl, forderten regelmäßige Verabredungen in Mathe, Englisch und Deutsch ein. Das waren Miniminigrüppchen, die auch anderen Kindern offen standen. Häufig fanden sie am Nachmittag statt oder gleich nach dem Mittagessen um 13 Uhr.

In den Verabredungen wollten die Kinder so ganz „normale" Sachen üben, wie Kopfrechnen, Rechtschreibung, Grammatik oder „Schönschreiben". Sich selbst Geschichten ausdenken, wünschten sich die Kinder oft. Je nach Jahreszeit standen auch Gedichte im Mittelpunkt der Verabredung. Das bezog das Auswendiglernen mit ein und auch das selber Ausdenken von Vierzeilern.

In Deutsch konnte, wer wollte, sein Lieblingsbuch vorstellen.

Einige Kinder arbeiteten mit einem Wochenplan zu bestimmten, von ihnen gewünschten Lernschwerpunkten.

Einmal wollten die Mädchen eine Verabredung zum Lesen üben haben. Diese Verabredung fand dann täglich statt, bis etwas anderes wichtiger wurde.

Irgendwann kam die große Kelly-Family-Welle in die Schule geschwappt. Die Mädchen brachten Kassetten mit und den ganzen Tag, wieder wochenlang, sangen und spielten sie die Kellys nach. Natürlich in eigenem playback-Englisch, das eine Mischung aus Deutsch und Englisch war. Der Höhepunkt war ein Konzert, zu dem auch Eltern eingeladen waren. Haufenweise flogen aus dem Publikum Kuscheltiere auf die improvisierte Bühne. Die Sängerinnen beglückten uns mit mehreren Zugaben.

Ein etwas größeres Projekt, an dem Kinder und Eltern gemeinsam arbeiteten, war der Bau des riesigen Heißluftballons aus Seidenpapier. Über mehrere Monate wurde daran gebaut, d.h. es musste Papier genau nach Zeichnung zugeschnitten und luftdicht aneinandergeklebt werden. Das war eine ziemliche Friemelei. Der Start sollte dann im Thälmannpark sein auf einer der Wiesen. Wir hatten ein altes Ofenrohr, in dem ein Feuer entzündet wurde, um heiße Luft zu erzeugen. Über das Ofenrohr wurde der Ballon gestülpt. Aber der Verlust der heißen Luft war zu groß und der Ballon stieg nicht so richtig auf. Eigentlich sollte der Versuch zu einem späteren Zeitpunkt noch einmal wiederholt werden. Doch kam es nicht mehr dazu. Viele andere Dinge, die die Kinder aus dem Alltag schöpften, holten uns ein und ließen den Wiederholungsstart in Vergessenheit geraten. Erst als die Schule in die Thomas-Mann-Straße umzog, fiel uns der Ballon wieder in die Hände und damit unser verschobenes Vorhaben.

Wir haben in den ersten Jahren viel Theater gespielt und trafen uns regelmäßig zum Darstellenden Spiel. Die Kinder dachten sich Geschichten aus, die sie dann als Theaterstück oder als Puppentheater improvisierten.

Oft waren kleine Rollenspiele oder andere szenische Spielübungen in den Alltag und in die Deutschverabredungen integriert. Konflikte stellten wir ad hoc zu Lösungszwecken zusammen mit den Kindern im Rollenspiel nach.

Die selbst ausgedachten Stücke hatten die Themen der Kinder zum Inhalt. Es ging um Freundschaften, Liebe, Wünsche, Macht, Verarbeitung von Werbung, wie z.B. in dem Puppentheaterstück von Till Eulenspiegel, Clearasil und Sterntaler.

Franziska war von der Liebesgeschichte „Romeo und Julia" total fasziniert. Zusammen mit Friederike hat sie das Drama mit verteilten Rollen gelesen. Beide waren zu dem Zeitpunkt 12 Jahre alt.

Meine Erinnerungen sind natürlich nur Bruchstücke aus einer Zeit, in der die Schule sehr klein und fast familiär war. Von ihr ging durch das gemeinsame SCHULEMACHEN mit den Kindern ein starker Zauber aus, der sich im Alltag widerspiegelte. Beinahe alles, was die Kinder wollten oder sich vorstellten, war erst mal prinzipiell möglich und konnte ausprobiert werden. Monatelang konnte es auf Wunsch der Mädchen z.B. einen MÄDCHENRAUM geben, in den sie sich vor den Ärgereien der Jungs zurückziehen konnten. Bis sich das „Problem" erledigt hatte.

Dass wir eine Schule waren, in der zwischen Spielen und Lernen nicht unterschieden wurde, brachte eine Unbeschwertheit hervor, welche die gesamte Atmosphäre prägte. Es machte einfach jeder Tag Spaß. Die Kreativität und der Einfallsreichtum der Kinder, als Ausdruck ureigenster (Lern)Bedürfnisse ihrer selbst waren so gigantisch und natürlich, dass es für uns selbstverständlich war, ihnen dafür einen geschützten Raum zu geben. Die Schule sollte für die Kinder gleichermaßen ein Lern- und Lebensort sein.

("Der ärgste/schrägste Anfang ist besser als das schönste Ende", jiddisches Sprichwort)

Ulli Sachse, Lehrer an der Freien Schule Prenzlauer Berg von 1992 bis 1997

Geboren wurde die Idee der Gründung einer Freien Schule von einigen Eltern auf dem Abenteuerspielplatz „Kolle 37" im Jahr 1990. Danach bildete sich eine Initiative, die mit den ersten praktischen Schritten begann.

Bevor die Schule in der Jablonskistraße 11 im Herbst 1992 öffnete, gingen zahlreiche Versammlungen sowie die Gründung des Trägervereins: „Freies Lernen in Berlin", kurz „FLIB e.V." voraus. Dann, eines schönen Tages, wurde ich von der Mutter unseres schulpflichtigen Sohnes gefragt, ob ich mich nicht als Lehrer bewerben wolle. Und das als Kulturwissenschaftler, der keinen pädagogischen Abschluss besitzt, nur ein paar Hintergründe, z.b. die Erfahrung im Berliner Spielwagen und eine noch weiter zurückliegende Praxis als Betreuer des einzigen privaten Kinderladens in Ostberlin 1983.

Es gab auch Turbulenzen. Zunächst wurde ein Hort angemeldet, der sofort genehmigt wurde und mit „Karteileichen" gefüllt wurde: alles Kinder, die nirgendwo in den Hort gingen. Doch plötzlich schien alles zu scheitern, als 3 Monate vor Beginn eine fast sichere Immobilie platzte. Etliche Eltern sprangen ab. Als die Mutter unseren Sohn in ihrer Not an der UFA-Schule (Freie Schule Berlin) anmeldete, wurde sie schon mal von einer Mitgründerin des Verrates bezichtigt. Als es dann kurzfristig gelungen war, die ehemaligen Räume der Kita „Quasselstrippe" anzumieten, waren die meisten wieder zur Stelle.

Die Umbruchzeit nach der Wende – einige sagten damals „gesetzesfreie" Zeit - brachte es mit sich, dass wir zunächst den Betrieb ungenehmigt starteten. Allen Beteiligten, besonders den Eltern gebührt der Respekt, dass sie den Mut besaßen, ihre Kinder an anderen Freien Alternativschulen „schwarz" anzumelden. Ein wenig beruhigend war es, dass diese Praxis damals allgemein gebräuchlich zu sein schien, in der alten BRD. Damals gab es ca. 20 Freie Alternativschulen, heute gibt's 88.

DIE UFASCHULE – UNSERE „GEBURTSHELFERIN"

Die „Tempelhofer" waren natürlich damals froh, dass noch eine Freie Alternativschule in Berlin gegründet werden sollte (die Gründung der FS Pankow setzte später ein aber verlief dann nahezu parallel). In Anbetracht der Größe Berlins und ihrer langen Schüler-Warteliste waren sie ohnehin konkurrenzlos. Und noch dazu im Osten, wo je nach Standpunkt gerade die Sonne auf- oder untergegangen war.

Dann ging ich in Vertretung der Mutter meiner Kinder zu einem Tag der offenen Tür. Es hat sich mir eingeprägt, wie locker die Leute vom Team da saßen und mit einfachen Worten beschrieben, wie so ein Schulalltag aussieht. Besonders der Beitrag eines Teamers hat mich längere Zeit beschäftigt. Er sagte ungefähr das Folgende: „Und wenn da ein Kind still ist, in sich ruht, und es offensichtlich genießt, einmal nichts (Bestimmtes) zu tun, dann ist das für uns kein Grund, es hochzuscheuchen oder künstlich zu motivieren."

In der Zeit danach trafen wir uns häufig mit den UFA-Leuten. Sie stärkten uns den Rücken, wenn wir Zweifel an unserem großen Projekt hegten und halfen uns bei der Konzeption.

Die Kontakte zur UFA-Schule rissen nie ab – inzwischen ist eine ehemalige Lehrerin von dort über zehn Jahre in der FAS Prenzlauer Berg bzw. Freien Schule am Mauerpark, wie sie sich heute nennt. Es wurden und werden auch sportliche Wettkämpfe zwischen den Schulen ausgetragen.

VON DER KOCH-ARIE ZUM MAUERABRISS

Aus heutiger Sicht habe ich nie mehr in einem Jahr so viele ungewöhnliche Dinge gesehen und unglaubliche Dinge gehört wie in diesem Ersten.

Da wurde von Jungen ein Feuerlöscher in Gang gesetzt, und der schmierige, bräunliche Inhalt verteilte sich über mehrere Räume. Der dicke, in der Luft hängende Staub konnte mit viel Wasser mühevoll gebunden werden. Das schadensbegrenzende „Besengeschwader" bestand nur aus Mädchen. Die Urheber hatten sich inzwischen zurückgezogen und gaben keinen Mucks von sich. Außer Lappen kamen zum Aufsaugen des über ein cm hoch stehenden Wassers Papierfetzen und Wollknäuel zum Einsatz. Ich habe 6 Eimer Wasser gezählt.

Oder der Tag, als ich in die Toilette kam, und ein paar Mädchen wie Jungen sich vergnügt um einen Topf geschart hatten, in dem Spaghetti kochten. Die selbst erfundene Konstruktion bestand aus einem Topf, in dem vorwiegend Klopapier die Hitze erzeugte. Auf dem Topfrand lag ein Rost und darüber ein anderer Topf mit Wasser, in dem die Spagetti garten. Abgeschmeckt wurde das Ganze mit etwas saurer Milch und Kakaopulver. Ich soll zwei Teller davon gegessen haben.

Einige Wochen davor hatte sich folgendes abgespielt:

Feierabendsituation: Die Erwachsenen - Betreuer wie Eltern - wie sooft in den ersten Wochen, in angeregten und teils kontroversen Gesprächen vertieft. Einige Schüler hatten währenddessen auf einem ordentlichen und funktionstüchtigen Küchenherd in einem riesigen Topf Spaghetti aufgesetzt. Während wir also redeten und redeten, bekamen die meisten der Erwachsenen nur die Endphase mit: Wie in einem Rausch schrie eine Schülerin im Stil einer Anführerin etwa:

„Gib mir noch die rote Flasche dort und da das braune Gewürz!!! Und dort den Ketchup bitte! Und da die silberne Büchse!"

Ungläubig sahen wir das leer gefegte Gewürzregal: Alle Arten Ketchup, Pfeffer, Majoran, Zimt, Nelken usw. waren peu a peu im Topf verschwunden. Und jetzt kommt das Unglaubliche: Eine Mutter, die gerade ihre Fahrprüfung bestanden hatte, wollte eben mit dem Team auf ihren Erfolg anstoßen, als blitzartig hinter ihrem Rücken eine kleine Hand hervorstieß, die bereits geöffnete Sektflasche ergriff und deren Inhalt in den Suppentopf goss. Es ging alles derartig schnell, dass die Mutter sich überrumpelt fühlte und erst mal sauer reagierte. Wäre es anders gewesen, wäre es auch wenig glaubhaft. Aber es ist nach den ersten Schocksekunden dann immerhin möglich gewesen, der Situation auch noch andere Seiten abzugewinnen. Neben dem Verlust des wertvollen Sektes wurde auch beklagt, dass man ja so mit Nahrungsmitteln nicht umgehen könne. Ich entdeckte aber auch einen gewissen Stolz der Kinder über ihr vollbrachtes Werk und tat ihnen den Gefallen, zu kosten. Da merkte ich, dass sie eigentlich die Absicht hatten, etwas Essbares herzustellen.

Natürlich hatte jeder so seine Vorstellungen, wie es weitergehen sollte. Ein geflügeltes Wort tauchte zu jener Zeit immer wieder auf: Was wollen die K i n d e r überhaupt? Dieser Satz stellte in gewissem Sinne die Erwartungen jener Erwachsenen in Frage, die in der Schule vorallem auch traditionelle schulische Themen behandelt wissen wollten. Wer kann es ihnen verdenken?

Auf der anderen Seite wurde die Frage, was wir E r w a c h s e n e n wollten, auf einer abstrakten Ebene in der Satzung als Vereinszweck etwa so formuliert: Freies Lernen zu ermöglichen, indem die Schüler die Möglichkeit erhalten, nach ihrer eigenen Erfahrung, in der jeweils benötigten Zeit und mit ihren eigenen Methoden zu lernen. Und mit Bezugspersonen, die nicht die Lehrpläne sondern die Interessen der Schüler im Auge haben werden.

Wie macht man das? Die Folge war, dass diejenigen, die die Aktionen als besonders desaströs wahrnahmen und uns Lehrer schon mal als hilflos bedauerten, meinten:
‚Ihr müsst Angebote machen', ‚Ihr müsst den Kindern Grenzen setzen, die sie zu ihrer Entwicklung benötigen'. Leider wurde meist nicht deutlich, was für Angebote gemeint waren. In unseren wöchentlichen Teamsitzungen wurden ja zum Beispiel regelmäßig Busfahrten in die Umgebung, Turnhallen-, Schwimmhallen-, Museums-, Theaterbesuche u.a. geplant. Waren das etwa keine Angebote? Oder die ständige Bereitschaft, sich auf die Kinder einzulassen? ‚Wir sind das Angebot', wurde zum geflügelten Wort einiger Mitarbeiter.

Nun - mit den Angeboten ist das so eine Sache. Durch die Lektüre von Celestine Freinet stark beeindruckt, schafften wir schöne teure Kästen mit Druckbuchstaben an. Doch diese faszinierten eher die Erwachsenen. Der „run" der Kinder auf die Kästen blieb aus. Sie wurden eher beiläufig gewürdigt, dann standen wieder Kämpfe im Vordergrund: Jungen gegen Mädchen, Comics, Streiche oder Fußball.

Zur harten Zerreißprobe kam es im November 1992. Trotz des „legalen" Abrisses einer Wand Wochen zuvor durch Mitarbeiter des Abenteuerspielplatzes, gab es immer noch jenen engen Flur, der die Kinder ein bisschen an ein Gefängnis gemahnte. Auf jeden Fall war er dunkel. Die Aktion selber habe ich erst mitbekommen, als es zu spät für einen Eingriff war. Mehrere Jungen hatten es geschafft, an einer Stelle ein ziemlich großes Loch in eine Wand zu hämmern, die ohnehin abgerissen werden sollte. Mein Sohn K. erzählte mir, durch die Wand wären sie daran gehindert worden, zügig von einem Raum in den anderen zu gelangen. Ein anderer, angesprochen, was sie tun, soll gesagt haben: „Wir machen Fenster".

Obwohl ich eher verblüfft war, wozu jüngere Kinder imstande sind (keines über 9 J.), waren einige Eltern derart entsetzt und erschrocken, dass ich ein schlechtes Gewissen bekam. Denn immerhin waren ja Sachwerte betroffen, die uns nicht gehörten. Das führte auch zum Streit unter den Betreuern.

Vielleicht hatte ich auch deshalb nichts von der Aktion mitbekommen, weil die Kinder so einträchtig ohne Streit und Zank an einer Sache arbeiteten, die ihrer Meinung nach Sinn machte?

Das Spektrum der Beurteilung in der darauf folgenden Elternversammlung reichte von „blinde Zerstörungswut" bis zur möglichen Befriedigung des Nachahmungstriebes. Schließlich konnte man noch täglich in den Medien und im grenznahen Bereich sogenannte „Mauerspechte" erleben, die nicht müde wurden, mit ihren Hämmern den Antifaschistischen Schutzwall, wie die Mauer DDR-offiziell hieß, Stück für Stück zu zerlegen.

DIE ERSTEN PROJEKTE

Manchmal wurden unter unseren Fenstern auf dem Gehweg Tische für einen Flohmarkt aufgebaut, Preisschilder angefertigt (es waren ja einige Kinder dabei, die entweder zu hause oder in der Schule mit Buchstaben und Zahlen Bekanntschaft geschlossen hatten). Angeboten wurden Trödel oder Selbstgetöpfertes.

Von der Idee zur Umsetzung dauerte es – im Gegensatz zu den langen Planungsrunden der Erwachsenen – manchmal nur Sekunden.

Zur Faschingszeit wollten die Kinder einen Umzug machen. Sofort wurde zur Tat geschritten, Kostüme improvisiert, die Gesichter bemalt. Ich hatte zufällig meine Masken aus Bali dabei. Konzertina, Percussion, Gesang – die Kinder kamen nicht auf die Idee, dass es peinlich sein könnte, am hellerlichten Tag um den Häuserblock zu ziehen.

Dass die Erwachsenen sich für manche Sachen viel Zeit nahmen und viele Möglichkeiten mit bedachten, auf die die Kinder nicht kommen konnten, hat ja auch sein Gutes. Ich habe aber auch von letzteren gelernt, dass es manchmal besser ist, eine Idee sofort umzusetzen. Und hieß es denn nicht oft, aus Fehlern lernt man oder doing by learning?

Theater

Ich erinnere mich an eine Mutter, die extra in die Schule kam, um mit den Kindern ein Theaterstück, ich glaube das Märchen Aschenputtel, einzustudieren. Besonders einige Jungen, darunter meine Söhne, waren anfangs willens, wurden aber demotiviert, weil sie bestimmte Regievorgaben nicht verstanden hatten oder zu doof fanden. Hier hatte der gute Wille der „Theaterpädagogik" versagt. Das Projekt wurde abgebrochen. Kurze Zeit später nahmen einige Schülerinnen das Heft in die Hand und inszenierten ein anderes Märchen in Eigenregie. Hier bestand auch nicht der Zwang, dass alle mitspielen. Einige Jungen, denen es zu blöd vorgekommen wäre, sich von den Mädchen was sagen zu lassen, beteiligten sich dennoch: Sie bastelten Theaterkarten, stellten Stühle aufund sorgten für einen geordneten Einlass.

TUI

Eines Tages zogen ein paar Jungen los und kamen mit riesigen Stapeln alter Reisekataloge an, die ihnen ein Reiseanbieter von TUI überlassen hatte. Mindestens drei Wochen, wenn nicht mehr, spielten sie Reisebüro. Da wurden Formulare entwickelt, Geldscheine geschnitten, ein Raum verwandelte sich vor unseren verblüfften Augen in ein Büro und wir waren angehalten mitzuspielen, indem wir Reisen buchten. Da wurden auch Fragen zu den Ländern beantwortet, Landkarten studiert, Tonaufnahmen angefertigt.

Allmählich gab es auch Projekte, wo die Erwachsenen mehr involviert waren. So der lange geprobte Auftritt einer Mädchenband, die mit viel Herzblut ein Programm mit Liedern der Kelly Family aufführte. Es machte gar nichts, dass die Songs über Band eingespielt wurden und eher pantomimisch begleitet wurden. Umso größer war der Applaus. Und wieviele Zugaben waren es nochmal? Auf dem dokumentierenden Video sieht man ein sehr aufmerksames Publikum – in der Mehrzahl Schüler, einige Eltern, Mitarbeiter. Und einen Schüler, der mit unvergesslichem Elan den Bühnenscheinwerfer bediente.

Manch einer wird sich fragen. Wo bleiben denn die Kulturtechniken? Konnten die Kinder denn in diesem „Taubenschlag" im klassischen Sinne auch Lesen, Schreiben oder Rechnen lernen?

Weit verbreitet ist das Image von Freien Alternativschulen oder war es zumindest damals, das in folgendem Statement zum Ausdruck kam: „Bei uns können die Schüler alles das lernen wie in der Regelschule auch, nur noch viel mehr. Und viel netter, mit allezeit gut gelaunten und freundlichen Lehrern."

SO OFT ES GEHT DRAUSSEN

Stadt als Schule war sowohl Konzept als auch Notlösung der ersten 5 Jahre, da sich die Schule im Erdgeschoss eines Wohnhauses befand und über keine eigene Freifläche verfügte. Dadurch ergab sich, dass wir zeitweise stundenlang auf verschiedenen Spielplätzen verweilten.

In einem Tagebucheintrag im August 1993 (nach genau einem Jahr) notierte ich mir:

„Ich glaube, das Leben in der Jablonskistraße schränkt uns alle sehr ein: Kinder wie Betreuer. Klären konnten wir im Gespräch, dass wir den Kindern auch Grenzen setzen. Aber die Kinder setzen auch uns Grenzen, vor allem setzen sie sich auch gegenseitig Grenzen. Sogar permanent. Wer mit wem spielen darf, bestimmte Aktionen nicht stören darf, bestimmte Gegenstände nicht haben darf."

Einem Glücksfall verdankten wir, dass uns ziemlich oft ein Kleinbus mit einem netten Fahrer zur Verfügung stand. Mit oder ohne Bus, die Reise ging zum Hellsee, Liepnitzsee, Teufelssee, Britzer Garten, Bucher Forst, FEZ (ehemaliger Pionierpark), Schildower Kiessee, Mühlenbeck-Mönchsmühle, diverse Kinderbauernhöfe, oft mehrmals. Zum Schwimmen ging es eine Zeit regelmäßig ins SEZ, dessen Wellenbad es uns besonders angetan hatte. Oder die Eisbahn oder die Rollschuhbahn. Diverse Museen, Bibliotheken standen immer wieder auf der Tagesordnung: Tierpark oder Zoo, Naturkundemuseum, Ägyptisches Museum, Technikmuseum und immer wieder das diesem angeschlossene SPEKTRUM DER PHYSIK, wo das Publikum eingeladen ist, Versuchsanordnungen selbst zu bedienen. Künstlerateliers wurden aufgesucht und eine Töpferwerkstatt regelmäßig genutzt. Veranstaltungen von Puppen- und anderen Bühnen sowie eine Stuntman-Show in Potsdam-Babelsberg wurden wahrgenommen.

UNTERSCHIEDLICHE ORDNUNGSBEDÜRFNISSE

Gemischte Gefühle, wenn ich an die Ordnung denke. Es gab Momente, da fanden es selbst die meisten vom Team aufgeräumt, aber neue Eltern fanden es zu „lose, lässig, dreckig". Ich schrieb nach einem Elterngespräch 1993:

„Ich denke noch lange darüber nach. Ich denke, Ordnung lernen die Kinder ebenso wie Lesen, Schreiben, Rechnen ohne Zwang – allmählich – durch Erfahrung. Die Ordnungsbedürfnisse sehe ich ganz langsam wachsen. So wollen die

Kinder allmählich wissen, wo Papier zu finden ist, wo Scheren, Stifte zu finden sind."

In meiner Erinnerung haben wir jeden Tag ca. eine Stunde aufgeräumt und gefegt, wenn die Kinder weg waren. Das war nicht nur unangenehm. Ich fand manche weggeworfene Zeichnung, die ich bis heute nicht fortgeworfen habe.. Am Wochenende machten Eltern nach einer Liste abwechselnd groß Reine.

WIESO FREIE SCHULE?

Bei diesem Wort liegt es nahe, dass Freiheit als Begriff thematisiert wurde.

Als eine Schülerin sagte, die Schüler können doch machen was sie wollen, erwiderte ich ungefähr: Keiner kann machen was er will, wir hängen als biologische Wesen von Naturgesetzen ab. Zum Beispiel müssen wir atmen. Sind nicht frei, nicht zu atmen. Mein Kollege unterhielt sich gern über das „Frei von..."

Ich bin frei von Schokolade

Ich bin frei von Schnürsenkeln

Ich bin frei von Zensuren

Ich bin frei von Müssen

Ich bin frei von

Und da hört es auch schon auf. Wozu bin ich frei? Freiheit der Wahl. Aber wenn ich zwischen 4 bis 5 erwachsenen Personen und knapp 20 Mitschülern die Wahl habe, um mich zu unterhalten, wie viel Wahlmöglichkeiten habe ich da nicht? Immerhin bietet eine Schule von sagen wir 800 Schülern ca. 80 Schüler pro Jahrgang. Wir hatten nicht selten nur einen einzigen Schüler eines bestimmten Jahrgangs. Ich kenne sowohl Schüler, die sich über diesen Mangel beklagten, als auch solche, die so eine familiäre Umgebung genossen haben.

Es gilt als erwiesen, dass manche Kinder ihre „freie" Wahl der Beschäftigung davon abhängig machen, wer dabei ist. Wenn Freunde dabei sind, ist es für viele attraktiver, in eine Gruppe, einen Kurs zu gehen. Das betrifft auch die Teilnahme an Sport, Ausflügen, Spielen.

WAS AUS LANGEWEILE ENTSTEHEN KANN

Offenbar ist es verbreitet, dass man sich Sorgen macht, wenn sich ein Kind langweilt. Vielleicht sucht man ja unterbewusst die Schuld bei sich selbst, dem Kind nicht genügend Stoff zur Betätigung bereitzustellen. Dabei ist die Langeweile ein sehr subjektives Gefühl, dessen Ursachen dem Außenstehenden noch rätselhafter sind als dem Betroffenen selbst. Oft weiß aber der Gelangweilte selber nicht, wie es dazu kommen konnte. Ein Schüler definierte Langeweile wie folgt: „Eine Krankheit, die Leute bekommen können." Mitunter kam ein Kind zu mir, sagte dass es sich langweilt und fragte, was es machen soll. Wenn ich nun verschiedene Vorschläge machte, passierte es nicht selten, dass der oder die Betroffene sich auf dem Absatz umdrehte und einer ganz anderen Sache als der vorgeschlagenen nachging. Einmal führte das sogar zum Bau eines Kartenspieles, in dem Malen, Rechnen, Ballspielen, Fadenspielen, Schach, Geschichten schreiben und viele andere Tätigkeiten gezogen werden konnten.

In der zeitgenössischen Kreativitätsforschung hingegen kommt der Langeweile eine ziemlich positive Rolle zu: Aushalten einer unangenehmen Situation, Klären was man eigentlich will, Selbstreflexion, Freude, wenn man das Tal überwunden hat, meist verbunden mit einem neuen Antrieb zu handeln.

Wenn man so will, geht es um die Bestimmung des eigenen Selbst. „Selbstbestimmtes Lernen" ist in diesem Sinne ein unglückliches Konstrukt, da (sich) Selbst-Bestimmen ein unaufhörlicher und recht schwieriger Prozess ist, von dem konsumartige Angebote eher ablenken.

HABEN WIR HEUTE WIEDER LERNEN?

Dieser Satz eines Schülers stammt aus der Zeit, als feste Lerngruppen implantiert wurden – auch im Zuge des Genehmigungsverfahrens und befürchteten Besuchen der Schulaufsicht im Jahre 1996. Die Lehrer teilten nun den Schülern einfühlsam und behutsam, fallweise auch nachdrücklich mit, was nach den Rahmenplänen in der 7. Klasse in den Kernfächern Deutsch, Mathe und Englisch von ihnen verlangt wird.

Danach gestaltete sich die Lerngruppenarbeit: Entweder gaben die Lehrer kleine systematische Unterrichtseinheiten oder ermittelten durch Tests, wo etwaige Lücken waren. Alle anderen Fächer wurden dann durch mehr oder weniger freiwillige Projekte mit berührt, ob das naturkundliche, kulturelle, gesellschaftspolitische oder musische Themen waren. Die Projekte machten oft mehr Spaß und wurden mitunter auch von den Schülern vorgeschlagen.

Keine Frage, dass Lerngruppen in einer Freien Grundschule ihre Berechtigung haben, da die Kinder ja nach dem sechsten Jahrgang zur Regelschule wechseln müssen. Wer will schon riskieren, dass die Kinder den Anschluss verpassen? Doch mit dem Druck, den von oben gesetzten Normen gerecht zu werden, veränderte sich – zumindest für mich, das Klima entscheidend. Da die Schüler mit 12, 13 Jahren noch relativ jung sind, waren einige Kollegen, mit denen ich sprach, der Ansicht, dass wir die Verantwortung dafür übernehmen müssten, dass die Kinder was lernen oder „genügend" lernen.

Aber selten wird man sich bewusst, dass eigentlich Leute ganz oben in der Bildungshierarchie, die man nie zu Gesicht bekommt, in das Leben unten hinein regieren.

Das im ersten Jahr in meinen Ohren noch fortschrittlich klingende LERNEN LERNEN bekam schon nach wenigen Jahren einen anderen Klang für mich. Nun wurde im schulischen Sinne (im informellem Sinne lernt man ja fast immer) gelernt, wie man Dinge behält, die einem eigentlich nichts oder wenig bedeuten. (Dabei gilt „es muss mir etwas bedeuten" als eine Grundbedingung gelingenden Lernens in der neueren Gehirnforschung)

VERSAMMLUNGEN

Ich erinnere, dass die ersten Schulversammlungen in unregelmäßigen Abständen stattfanden. Sie entstanden oft aus einem Anlass. Als z.B. ein Kollege aufhören wollte zu arbeiten, weil sich die Schüler in der Schule nicht mehr wohl fühlten, gab es eine erste Versammlung in der Küche, initiiert von einer Schülerin, die auch die Redeleitung ergriff. Es ging u.a. darum, dass Verabredungen zum Schwimmen oder Rollschuhfahren ein paarmal abgesagt wurden und dass in letzter Zeit zuviel geschimpft wurde. (letzteres vor allem an meine Adresse) Plötzlich stürmten die Mädchen auf den Ruf eines Schülers nach draußen, wo die Jungen gerade dabei waren, nützliche Dinge aus einem Sperrmüllcontainer zu bergen. Ich dachte, nun ist die Besprechung unserer Nöte zu ende. Jedoch nach einer kurzen Unterbrechung ging das Gespräch fast wörtlich da weiter, wo es aufgehört hatte. Im Klartext wurde deutlich, was wir verbessern müssen. Der Kollege blieb uns dann noch eine geraume Zeit erhalten.

Solche Keimformen von „Ur-Demokratie" gab es hin und wieder aus aktuellen Anlässen, sie waren oft spontan und nicht vorhersehbar. Sie gingen – im Gegensatz zu anfänglichen Versuchen, mit einem Morgenkreis das Tagewerk zu beginnen - in der Regel von den Schülern aus. Im weiteren Verlauf schien es notwendig zu sein, Versammlungen auch zu planen. Diese fanden meist nach dem Mittagessen statt, manches Mal unter der Einbeziehung interessierter Eltern, deren Zeitbudget ein Kommen erlaubte.

Hier ging es nicht nur um die Frage, ob Hausschuhe nicht nur im Winter als Regel eingeführt werden sollten, auch das Verhalten der Mädchen und Jungen untereinander, die Ermöglichung konzentrierter und leiser Beschäftigung oder Schulfahrten, Feste und Anschaffungen wurden besprochen.

Mir ist damals nicht immer klar geworden, ob die redegewandteren Schüler unter den Kindern immer auch im Sinne der weniger redegewandten auf den Versammlungen agierten – weil das Problem der Schüchternen ja gerade darin bestand, nicht für sich sprechen zu können oder zu wollen, sei es um Mängel zu kritisierten, Verbesserungen vorzuschlagen oder einfach nur Sachmittel zu beantragen.

Aus heutiger Sicht finde ich es fragwürdig, wenn sich Eltern an den Entscheidungen beteiligen, die unmittelbar den Schulalltag betreffen. Einmal sind sie davon nur mittelbar betroffen, andererseits kann man nicht wissen, wie ausführlich sie darüber informiert sind, was am Tage so abläuft. Aus den regelmäßigen Elterngesprächen wussten wir, dass die Kinder unterschiedlich viel freiwillig erzählen.

Dazu ist zu bemerken, dass von den Gründern, die mitarbeiteten, etliche ihre Kinder in der Einrichtung hatten. Ich selbst hatte zwei Söhne dort. Wir versuchten, ein Fingerspitzengefühl dafür zu entwickeln, wie man sich möglichst neutral verhält und für alle Kinder gleichermaßen da ist. Mir fiel es relativ leicht, die Elternrolle von der Mitarbeiterrolle zu trennen, dennoch gab es hin und wieder Spannungen. Diese wurden nicht nur auf Teamsitzungen angesprochen sondern in meinem Falle auch in einem regelmäßig geführten Tagebuch reflektiert.

Da mir demokratische Strukturen zu jener Zeit noch nicht so geläufig waren, sah ich auch noch keine Alternative zum dominierenden Konsensprinzip.

Bei dem wurde möglichst solange diskutiert, bis alle sich auf einen (möglicherweise den kleinsten) Nenner geeinigt hatten. Einmal sah ich mich sogar veranlasst, in einer Elternrunde auf eine Form der Indianerdemokratie hinzuweisen, bei welcher jene Gruppe, die anderer Meinung ist, ihre Zelte abbricht um sie an anderer Stelle wieder aufzubauen.

Es gab von Anfang an kein Regelbuch. (Dies ist auch kein Wunder, so kurz nach der Wende hatten die meisten erst mal keinen Bock auf Vorschriften; und die Gefahr einer möglichen Überformalisierung bestand und besteht aus meiner Sicht auch heute noch.) Infolgedessen gab es jedoch auch keine Versammlung als höchstes Organ, das Regelverstöße – möglicherweise in einem besonderen gewählten Gremium – behandelt hätte. Und doch gab es ein Ereignis, das formal einen demokratischen Anstrich besaß, jedoch in der Konsequenz eher zu einer Oligarchie (Herrschaft der Wenigen) geführt hätte. Einige der größeren Jungen entwarfen in Eigenregie das folgende Gesetzblatt:

ZITAT (Orthografie originalgetreu):

„Gesetzblatt der Jungen

Alle Regeln befolgen

Essen in der Küche oder im Jungenraum

Überall Schuhe auszihen

Essen nicht rumliegenlassen

Wen Mädchen im Jungenraum sind eine in die Frese hauen

Jeden Tag alle Mädchen ärgern"

KONFLIKTE GEHÖREN DAZU...

...und bleiben ein heikles Thema.

Nicht selten hatten sich die miteinander streitenden Kinder schon wieder vertragen, bevor wir von einem Zwist erfuhren. Oft versuchten wir, mit Hilfe der Anwesenden zu klären, wie es zu einem Vorfall kommen konnte. Nicht immer waren aber die Indizien eindeutig und manchmal reagierten wir spontan ohne gründliche Untersuchung.

Ein Junge bewarf eine neue Schülerin aus heiterem Himmel mit Sand. Aufruhr. Aus heiterem Himmel? Zur Rede gestellt, antwortete er, sie habe ihn vor ein paar Wochen, als sie zu Besuch war, mit einem Stück Holz geschlagen.

Wie erkennt man Probleme rechtzeitig und wie spricht man sie an?

Eines Tages brachte eine Lehrerin von uns von einer Weiterbildungsveranstaltung eine neue Idee mit: Die Stop-Regel. Wenn ein Kind von einem Anderen bedrängt, gestört oder angegriffen wird, heißt ein klares STOP, dass der „Angreifer" zu weit geht und seine Manöver stoppt. Im Grunde war das sehr praktisch – fast möchte ich sagen: eingängig. Die Regel hat das Leben um einiges erleichtert. Weniger eingängig und wirksam war dagegen der Spruch: „Was du nicht willst, das man dir tue, das füge keinem anderen zu", auch wenn wir ihn vom ersten Tage an beinahe zelebrierten.

Für verhältnismäßig kurze Zeit und mehr aus Spaß an der Freude variierten einige Kinder die Regel wie folgt: Wenn ein Kind oder ein Erwachsener STOP sagte, erwiderten sie auch STOP und meinten, damit würde das erste STOP außer Kraft gesetzt.

WIE SCHREIBT MAN EINE KONZEPTION ?

Es gab mindestens 4 Konzeptionsentwürfe, die während des laufenden Schulbetriebs entstanden. Ich hatte das Vergnügen, bei allen Versuchen meinen Senf dazu zugeben. Ihr Umfang variierte von ca. 8 bis 80 Seiten, leider würde es den Rahmen sprengen, alle hier würdigen zu wollen.

Neben den vielen Auflagen, was Räume, Feuersicherheit, Hygiene, aber auch Wochenpläne u.a. anbelangt, gab es immer die bange Frage: Wie weit kann unsere Vorstellungen von zwang- und angstfreiem Lernen so formuliert werden, dass das Schulamt keinen Anstoß daran nimmt. Dass unsere Konzeptgruppe aus mehr und weniger kompromissbereiten Personen, die mitunter wechselten, bestand, machte die Sache nicht einfacher und ist vielleicht die Ursache, dass wir über 4 Jahre benötigten, um diejenige Konzeption einzureichen, auf deren Grundlage die Schule im August 1996 genehmigt genehmigt wurde.

Das charakteristische einer FAS ist für mich, dass nicht auf e-i-n Modell – etwa Montessori oder Freinet – sondern auf eine Vielzahl von Anregungen Bezug genommen wird.

In einem Exposeé (Idee zur Schulkurzkonzeption) aus dem Jahre 1994 stoße ich auf folgenden Satz:

„Wir erheben den Anspruch, dass dem Kind die Zeit und die Bedingungen gegeben werden, sich als Subjekt zu erfahren, sich seiner Stärken und Schwächen bewusst zu werden. Die Möglichkeit seiner Entfaltung als gesellschaftliches Wesen hängt davon ab, inwieweit sich das Kind als geachteter Partner bei der Gestaltung der (es umgebenden) gesellschaftlichen Verhältnisse einbringen und erleben kann."

In diesem Zitat erkenne ich noch immer einen Maßstab für gegenwärtiges Handeln.

Leider ließ sich der darin erhobene Anspruch für die Schüler spätestens in den höheren Jahrgängen nach der Grundschule nicht mehr einlösen. Vor allem dann, wenn die Schüler nach möglichst einheitlichen – und für sie oft nicht nachvollziehbaren - Standards bewertet und anschließend selektiert wurden. Ich finde, so geht man nicht mit „geachteten Partnern" um.

ÖFFENTLICHES SCHULWESEN IM WANDEL?

Ein achtseitiges Zeitungsformat, übertitelt DIE SCHULREFORM, geriet mir Anfang März 2010 in die Hände, wo die neue Schullandschaft u.a. folgendermaßen ausgeschmückt wird: Die Schulleiterin der Gustave-Eiffel-Oberschule träumt von einer Schule, in die die Schüler gern kommen, weil sie das lernen, was sie interessiert. „Das heißt auch, nicht mehr alle beschäftigen sich mit allem. Dafür organisieren wir die Schule anders."

Dazu fällt mir ein, dass die Freie Schule Berlin, in der ich vor langem Mitarbeiter war, zu den vielen Schulen gehörte, die aufgebrochen waren, Schule anders zu organisieren. Manche davon schon seit über 40 Jahren. O-Ton Eltern und Lehrer: „Wir wollen, dass es unseren Kindern gut geht, dass sie sich beim Lernen nicht verbiegen müssen und Erfahrungen machen, die sie befähigen, schon jetzt eigene Entscheidungen zu treffen in der Auseinandersetzung mit ihrer sozialen und physischen Umwelt. Und wir wollen, dass ihre angeborene Fähigkeit zu kooperieren nicht durch die Fähigkeit zu konkurrieren überlagert wird."

Und was wollen die Kinder?

Anja Müntz, Mitglied im Trägerverein Freies Lernen in Berlin e.V. von 2001 bis 2007

Meine Tochter Kaya besuchte von 2001 – 2007 die Freie Schule am Mauerpark (früher: Freie Schule Prenzlauer Berg).

Mein Entschluss Kaya nicht in eine Regelschule zu schicken, war kein Resultat großer Grübelei über Bildung oder grober Enttäuschungen in der eigenen Schullaufbahn. Ich folgte eher einem Bauchgefühl.

Meine Schule hatte ich brav absolviert und ich wurde mit einem prima Zeugnis entlassen. Aber ich wusste nicht so recht, was ich damit anfangen sollte. Hätte ich die Zeit nicht anders nutzen und viel mehr meinen Interessen nachgehen sollen? Ich beantwortete mir diese Frage mit Ja und wollte daher für meine Tochter eine andere Schule.

Zwei Sachen waren für mich dabei zentral: zum Einen die Mitbestimmung der Kinder über die Lerninhalte und Lehrformen, zum Anderen wünschte ich mir Erwachsene (LehrerInnen), die auf der Basis von Vertrauen und Wohlwollen mit den Kindern in Beziehung gehen.

Die Suche nach Alternativen zur Regelschule war kurz, denn vor 10 Jahren gab es im näheren Umfeld nur eine andere Schule - die Freie Schule Prenzlauer Berg. Ich ging zum Tag der offenen Tür, wo ein sympathischer junger Lehrer (Dete) den Besuchern das Konzept nahe brachte.

Beides gefiel mir gut und so traf ich meine Entscheidung für diese Schule; wie gesagt ziemlich unbekümmert und aus dem Bauch heraus.

Diese Leichtigkeit wich recht bald intensiver Diskussionsarbeit (ich schreibe hierbei nur von mir als Elternteil, Kayas Weg als Schülerin war ein anderer). Einerseits haben Eltern unterschiedliche Beweggründe für die Alternativschule und folgerichtig unterschiedliche Erwartungen an sie, andererseits birgt das Abweichen vom „Normalen" und die Entscheidung, die eigenen Kinder einen alternativen Weg gehen zu lassen, auch Unsicherheit und Ängste.

Dies war der Stoff für 6 Jahre lebendige Auseinandersetzung mit den unterschiedlichsten Themen: Was Lernen? Wie Lernen? Wieviel Freiheit? Wieviel Disziplin und Ordnung? Welche Werte sind wichtig? Gibt es Geschlechterrollen? Was ist gewaltfreies Kommunizieren? Was bedeutet Gleichwertigkeit? Was ist ein Kind? Wieviel Individualität? Wieviel Gemeinschaft? Lieber Ideale oder Realität?... und so weiter und so fort.

Mir hat das gut gefallen. Die Freie Schule bot mir eine Gruppe sich Gedanken machender Mitmenschen, mit denen ich mich intensiv austauschen konnte. Und auch wenn es emotionale Ausbrüche, Missverständnisse und verbale Fehltritte gab, so habe ich immer wieder, gerade in den Mitgliederversammlungen, über das hohe Niveau der Gesprächskultur gestaunt.

Und wo ich schon die Mitgliederversammlung erwähne – die Freie Schule war mir auch ein Lernfeld in Sachen Demokratie. Da die Schule durch den Elternverein getragen wird, hatten die Eltern viele und schwerwiegende Dinge mit zu bestimmen. Auch da tauchten Fragen auf: Wieviel Information braucht eine Entscheidung? Wieviel Transparenz ist nötig? Wieviel Kontrolle? Wer entscheidet was? Wer trägt die Verantwortung wofür? Wie bringe ich meine Meinung an? Was mache ich, wenn ich überstimmt werde? Welche Abstimmungsverfahren gibt es eigentlich? Wer schreibt das Protokoll? ;-)...

Ich finde, auch Demokratie will gelernt sein. Und wenn ich nicht gerade in einem Verein aktiv bin, dann sind die Lernmöglichkeiten dafür relativ gering.

Abgesehen von dieser ganzen kopflastigen Elternarbeit, gab es auch viel Praktisches zu tun. In meine Elternzeit fiel zum Beispiel die Organisation des Schulumzugs von der Thomas-Mann-Straße in die Wolliner Straße und die Umgestaltung des neuen Standortes. Das war viel Arbeit, aber dadurch fühlte ich mich der Schule auch enger verbunden.

Selbst das wochenendliche Putzen der Schule durch die Eltern fand ich nicht schlimm. Gerade als Kaya groß genug war, um allein zur Schule zu gehen, bot das Putzen die Chance, sich mal in den Räumen umzuschauen, zu gucken womit die Kinder sich beschäftigen und was für Arbeiten entstanden waren. Allerdings ließ der Zustand der Räume einen manchmal ganz schön schlucken.

Wenn die Schule einerseits Zeit- und Energieeinsatz forderte, so bekamen wir auf andere Weise davon auch wieder zurück.

Denn die Freie Schule passte insgesamt einfach gut in mein/unser Leben. Trotz Schulalltag blieb unser Leben flexibel und geschmeidig. Damit meine ich besonders die zeitliche Flexibilität - die Gleitzeit zwischen (damals) 8.00 – 9.30 Uhr anzukommen, die Möglichkeit früher zu gehen, auch mal einen Tag zu fehlen oder in Absprache für längere Zeit zu verreisen. Außerdem war mit Schulschluss wirklich Feierabend. Es gab nichts mehr zu erledigen, keine Hausaufgaben oder dergleichen.

Mit dem Wechsel ans Gymnasium haben sowohl Kaya als auch ich gemerkt, was für eine Lebensqualität die Freie Schule geboten hat. Jetzt passt sich die Schule nicht mehr unserem Lebensrhythmus an, sondern wir müssen unser Leben zeitlich nach der Schule ausrichten. Da stockt und klemmt es nach wie vor an vielen Stellen. In den wenigen Stunden Freizeit versucht Kaya jetzt das auszuleben, was früher schon Raum innerhalb der Schule fand. Das Auftauchen von Stress und Zeitdruck waren die unangenehmsten Begleiterscheinungen beim Schulwechsel.

Abschließend will ich sagen, dass die Freie Schule eine große Bereicherung für mich war, aus all den oben genannten Gründen.

Inwieweit Kaya durch das besondere Schulkonzept spezielle Fähigkeiten erworben oder vielleicht auch nicht ausgebildet hat, kann ich nicht sehen und sagen. Wie soll man dergleichen exakt der Schule zuschreiben?

Für mich als Elternteil war die Zeit an der Freien Schule eine gute Zeit. Vor allem, weil es Kaya gut ging. Meine beiden Ansprüche an die Schule, die Mitbestimmung der Kinder und wohlwollende Erwachsene, waren immer realisiert. Ich habe dem Team der Schule immer vertraut und hatte damit als Mutter eine recht unbeschwerte Zeit.

So schauen Kaya und ich mit Wärme im Herzen auf die Freie Schule zurück.

Wer putzt, kann viel erfahren

Uwe Kusche, Mitglied im Trägerverein Freies Lernen in Berlin e.V. von 1999 bis 2008

Meine Tochter war das erste meiner Kinder, das die „Freie Schule Prenzlauer Berg" besuchte. So hieß die Schule damals noch. Die allerersten Anfänge der Schule hatten wir nicht mitbekommen, wir kamen dazu, als die Schule am äußeren Ende von Prenzlauer Berg in der Thomas-Mann-Straße angesiedelt war – im Jahr 1999. Wir stellten uns persönlich vor, besichtigten die Schule in dem ehemaligen Kindergartengebäude und sprachen mit LehrerInnen und Kindern. Unten gab es einen Kinderverkehrsübungsplatz, auf den man vom Balkon des ersten Stocks herunter schauen konnte, nebenan im Haus war ein Kindergarten. Umrahmt war das ganze von einer Hochhaussiedlung, aber so war die Anlage geschützt, verkehrsfrei und sehr ruhig gelegen.

Klein und überschaubar war alles, nur um die 20 Kinder waren an der Schule. Sie tobten von den Räumen links in die Räume rechts, vorbei am dazwischen liegenden Treppenhaus und Büro. Über den Balkon wurde die Runde vollendet. Die Küche war zugleich Ess-, Spiel-, Lern- und Versammlungsraum, je nach Tageszeit und Nutzungsbedürfnis. Irgendwie wirkte die Schule wie die Verlängerung der Kitazeit. Ein sanftes Übergleiten in die Schulzeit, kein abrupter Wechsel in den Ernst des Lebens. Es war anheimelnd, fast intim, immer intensiv und lebhaft, bewegt und bewegend.

Nach unserer Einschulung kannten wir schnell alle Kinder und deren Eltern. Die LehrerInnen, BetreuerInnen und sonstigen FunktionsträgerInnen der Schule sowieso. Keine Anonymität, sondern offene Karten und so gab es in der Folge intensive Möglichkeiten zum Austausch. Elternabende und Mitgliederversammlungen des Schulvereins, zunächst noch eine gemeinsame Veranstaltung, wuchsen sich stets zu lang andauernden Abenden und Nächten aus. Vor ein Uhr in der Nacht waren sie eigentlich nie zu Ende. Fast immer musste der Objektschutz angerufen werden, um mitzuteilen, dass die nach Mitternacht Anwesenden keine Einbrecher wären. Die Letzten zogen dann noch weiter in die Kneipe, wo alles schlussendlich abgerundet wurde.

Idealismus, hohe Identifikation und eben die große Nähe waren Kennzeichen der kleinen Schule. Vieles musste von Elternarbeit unterstützt werden, z.B. auch das Putzen. Und wer putzt kann viel erfahren. Über die Eltern, mit denen man gerade zusammen zum Putzdienst eingeteilt ist, über deren Kinder. Über die Kinder überhaupt, denn aus ihren Hinterlassenschaften und Spuren ist auch so manches abzulesen. Und die Schule selbst ist so bis in ihren letzten Winkel zu entdecken.

Der Unterricht fand in kleinen und kleinsten Gruppen statt. Diese waren stets unterschiedlich besetzt, nach Themen und Interessengebieten, nach Neigungen, Freundschaften oder wie sich das Gefühl der Kinder gerade ausgerichtet hatte. Mal gab es Trennungen nach dem Alter der Kinder, dann wieder nach dem Geschlecht und so konnte es schon mal heißen: „Jungs raus!" Veränderungen in den Gruppen gingen oft und recht schnell vonstatten. Für uns Eltern war dieses Wogen meist noch in der Abholsituation zu beobachten, eine faszinierende Gelegenheit am auslaufenden Schultag hinein zu schauen und persönliche Momentaufnahmen zu machen.

Die Zahl der Kinder wuchs im Laufe der Zeit. Als im Jahr 2001 mein erster Sohn eingeschult wurde, gingen 29 Kinder an die Freie Schule Prenzlauer Berg. Deshalb wurde der Umzug in ein größeres Domizil immer dringlicher. Viel Kapazität an Elternarbeit nahm dabei der Prozess der Definition der Anforderungen, die Ermittlung der finanziellen Möglichkeiten sowie das Recherchieren geeigneter Grundstücke und Objekte etc. in Anspruch.

Während das Schulleben für die Kinder in wachsenden Gruppen und immer enger werdenden Räumen weiterlief, konnte schließlich der heutige Standort der Schule in der Wolliner Straße dingfest gemacht werden, verbunden mit einer Kaufoption. Nach vielen weiteren Arbeiten, mit Umbau, Ausbau, Neugestaltung und schließlich dem Umzug war am Ende die „Freie Schule am Mauerpark" betriebsbereit.

Das Gesicht der Schule hatte sich aber nicht nur äußerlich verändert. Die zunehmende Vergrößerung bis hin zur angestrebten Zahl von 60 Kindern hat so manche Veränderung auch im inneren Gefüge der Schule mit sich gebracht. Entscheidungswege wurden durch die weit größere Zahl an beteiligten oder betroffenen Mitwirkenden verlängert und verbreitert. Die ohnehin schon vorhandene große Meinungsvielfalt wurde noch breiter und es zeigte sich, dass die Strukturen der alten kleinen Schule nicht mehr den neuen Umständen genügten und angepasst werden mussten.

Eine wachsende Professionalität entstand dabei mehr und mehr in der Schule, die neben einem größeren und spezialisierteren Vorstand auch aktive Betreuung durch die Schulkoordinatorin und die Buchhalterin erforderte.

Zusätzlich sorgten die übernommenen Patenschaften für andere, in Gründung befindliche, Freie Schulen für eine umfangreiche Belastung von Vorstand und Elternschaft. Diese wurde aber aus Überzeugung getragen. Immer wieder fragten wir uns in den Versammlungen, ob wir als Freie Schule eine einsame Insel bleiben wollten oder ob wir Anderen auch zum Anfang verhelfen und uns damit letztlich weiter vernetzen und unsere Idee von Schule weiter tragen sollten. Es gab auch hier sehr unterschiedliche Einstellungen bei den Eltern, aber die

Mehrheit war für eine Öffnung und Verbreitung des Freie-Schule-Gedankens. So wurden, teils bis an die Belastungsgrenze, Patenschaften übernommen.

Ein weiteres Thema nach dem Umzug war, dass zum neuen Schulgebäude auch Mietwohnungen gehörten und damit ein Geschäftszweig aufgestoßen wurde. Das führte zu intensiven Diskussionen, was unsere Schule alles sein sollte und leisten konnte.

All diese Aspekte haben einen so nachhaltigen Eindruck hinterlassen, weil die Elternschaft stets stark involviert war. Es wurden zwar einzelne Detailaufgaben in die unterschiedlichen Arbeitsgemeinschaften delegiert, aber dennoch hat die gesamte Elternschaft immer wieder die grundlegenden Entscheidungen über den Fortgang der Projekte getroffen.

Die Mitarbeit der Eltern bestand aber auch in ganz schulbezogenen Themen. Zahlreiche andere AGs leisteten Unterstützung bei vielen Aufgaben des täglichen Schullebens. Ob es nun um die Organisation der Putzdienste oder der verschiedenen regelmäßigen Feierlichkeiten und Veranstaltungen ging, die Gartengestaltung oder kurzfristige Bau- und Reparaturunterstützungsdienste, Postabholung, Unterstützung bei Ausflügen und Schulfahrten - die Eltern waren immer wieder sporadisch oder regelmäßig einbezogen.

Mit dem Wachstum der Schule war allerdings im Schnitt ein gewisser Rückgang der Mitarbeitsfreude zu verzeichnen. Offenbar lässt das Vorhandensein vieler Menschen den Eindruck entstehen, dass ja genug Andere da sind, die sich kümmern können und man selbst werde nicht mehr benötigt.

Schon bald nach dem Eintritt meines Sohnes begleitete ich Kinder und eine/n LehrerIn zweiwöchentlich zum Schwimmen. Das wurde dann relativ schnell zur festen Einrichtung, so dass ich etwa fünf Jahre den Schwimmbetrieb mit organisierte. Diese aktive Mitarbeit am Schulgeschehen ermöglichte mir einen tiefen und intensiven Einblick in den Kern der Schule - nämlich das tägliche Geschehen, das Miteinander der Kinder untereinander und mit den LehrerInnen.

Hätte ich bis dahin noch nicht verstanden, was Freie Schule meint und welche Wirkungen sie auf die Kinder und zurück auf die Eltern hat, spätestens hierbei wäre es mir ganz klar geworden. Aktive Mitarbeit und Beteiligung am Schulgeschehen empfinde ich daher auch heute noch als eminent wichtig, weil es das Familiengefühl, das Zusammengehörigkeitsgefühl stärkt und so den wachsenden schützenden Rahmen unterstützt. Sicherlich tauchen dabei, wie in jeder Familie, auch allerhand Probleme und Fragestellungen auf, Streitigkeiten und Auseinandersetzungen. Aber Schule, diese Schule ist ein Ort des Lernens für das Leben. Und das soziale Lernen, der Umgang mit Anderen, Freundschaften, Verantwortung in der Gemeinschaft waren mir stets wichtiger als die reine Aufnahme von nacktem Wissen. So habe ich die Schule oft als druckfreien, aber nicht unbedingt immer stressfreien Ort erlebt, denn wo gelebt und gelernt, gerungen und verhandelt wird, da ist eben Bewegung.

Auch mein drittes Kind kam dann an diese Schule, und zwar im Jahr 2003. Und wie unterschiedlich die drei Kinder sich doch entwickelten. Fernab konformitätsorientierter Regelschulabläufe nahmen sie in ihrem ganz eigenen Tempo die Inhalte der Lernangebote auf, brachten sich mehr oder weniger in das Geschehen ein und entwickelten jeder ganz eigene Stärken. Da es an dieser Schule nicht darum geht, Schwachpunkte mit entsprechenden Zensuren bloß zu legen, sondern auf vielfältige Weise Interessen zu wecken und möglichst individuell den Lernprozess anzuregen und zu begleiten, waren ihre Einstellungen zur Teilnahme und die Erfolge dabei ganz unterschiedlich.

Rückwirkend, auch im Vergleich mit den Erfahrungen anderer Eltern denke ich, dass die Kinder in der Schule ausreichend gelernt haben, um an anderen fortführenden Schulen bestehen zu können. Das auftretende „Wissensloch" haben alle Kinder schnell aufgeholt und z. B. durch ein auffallend gutes Sozialverhalten und hohe Kreativität wettgemacht. Im Fall meiner Kinder kam es nicht zu diesem Wissensloch, weil sie in der Sekundarstufe I der „Freien Schule Pankow" weitermachten. Vermutlich ist das Problem dann auf die Zeit nach dem Mittleren Schulabschluss (MSA) verschoben, wenn sie sich eventuell für das Abitur an einer anderen Schule anmelden.

Erkenntlich aus diesen Ausführungen und für mich wünschenswert und wichtig ist jedoch, dass es den Kindern und Jugendlichen gut täte, eine durchgängige „freie Schulzeit" an einer Schule erfahren zu können. Am besten sogar mit der Möglichkeit, bis zum Abitur bleiben zu können. Das ist sicherlich Zukunftsmusik, sollte aber nicht außer Acht gelassen werden für die weitere Entwicklung der Schule.

Als sehr wichtig habe ich erfahren, dass die Kinder und auch später die Jugendlichen durchgängig die nahe Verbindung der eigenen Familie zur Schule-Familie erleben können. Kinder und Schule benötigen dringend das Interesse, die Mitarbeit und Einmischung der Eltern, um zu einer harmonischen und tragfähigen Entwicklung der Kinder und der gesamten Schulsituation beitragen zu können. Denn die Erziehung der Kinder, also das Erlernen und Erfahren von Miteinander und Sozialität, geschieht weder ausschließlich zu Hause noch ausschließlich in der Schule, sondern eben im möglichst offenen Miteinander, in der wie ich empfinde segensreichen und deswegen möglichst intensiven Zusammenarbeit aller Beteiligten.

Heute

WAFFELN
STATT
WAFFEN
WIR WOLLEN SCHAUKELN
vom Eckspielplatz

RESPEKT IST:

Den Menschen zu helfen und korrekt zu bleiben!

Achmed 37 Jahre

STOPP!

KEIN ZUTRITT
FÜR ERWACHSNE
KINDER !!!

Die Freie Schule am Mauerpark – eine Schule im Wedding

Claudia Hering, Mitglied im Trägerverein Freies Lernen in Berlin e.V. seit 2007, im Vorstand seit 2008.

Die Freie Schule am Mauerpark befindet sich in Berlin im Brunnenviertel, Stadtteil Wedding/Bezirk Mitte, direkt an der Grenze zu Prenzlauer Berg/Bezirk Pankow, nur ein paar Meter von der Bernauer Straße entfernt, wo einst die Mauer Berlin in Ost und West teilte.

Der Name der Schule leitet sich ab vom Mauerpark, der sich auf dem ehemaligen Todesstreifen hinter der Schule erstreckt.

Ursprünglich war die Freie Schule am Mauerpark (damals Freie Schule Prenzlauer Berg) eine Gründung von engagierten Eltern aus dem Prenzlauer Berg. Weil die Räumlichkeiten im damaligen Standort – der Thomas-Mann-Str. – zu eng wurden, ging der Elternverein (zuerst vergeblich) auf die Suche nach einem neuen Schulgebäude.

Vor gut 5 Jahren war es die evangelische Kirche am Humboldthain, die es der Freien Schule ermöglichte, auf ihrem jetzigen Gelände im Brunnenkiez Fuß zu fassen. Im Juli 2010 wurde das Schulgelände am Mauerpark samt Gebäude vom Schulverein 'Freies Lernen in Berlin' erworben.

Derzeit hat die Grundschule, die bis zur 6. Klasse führt, über 60 Kinder. Sie werden von 10 PädagogInnen/ErzieherInnen ganztags betreut.

Die Schule in freier Trägerschaft besteht seit Mitte der 90er Jahre und finanziert sich zu 93% aus staatlichen Mitteln, die Sachkosten werden durch Beiträge der Eltern getragen.

Unser Kiez

Hinter dem Mauerpark schließt sich der Stadtteil Prenzlauer Berg an, wo 1989 die Wende vorbereitet wurde und der erste Schlagbaum an der innerdeutschen Grenze aufging. Seither erfreut sich das Viertel regen Zustroms durch junge bildungsnahe Schichten.

Auf der anderen Seite liegt der Brunnenkiez, ein multikulturell geprägtes Gebiet mit einem hohen Anteil an sozial schlechter gestellten Menschen mit Migrationshintergrund, der stadtpolitisch als Problemkiez angesehen wird.

Als Unterstützung für die zukünftige Entwicklung wurde im Jahr 2005 das Stadtteilmanagement „Brunnenviertel" eingerichtet. Die Freie Schule am Mauerpark sieht sich als Teil dieses sozialräumlichen Zusammenhangs und arbeitet eng mit dem Stadtteilmanagement und dessen Kooperationspartnern zusammen. So wurde z.B. 2007 der Saal der Schule u.a. mit Geldern des Stadtteilmanagements saniert. Nun steht er als „Kiezaula" Initiativen und Einrichtungen aus dem Brunnenviertel zur Verfügung. Die Schule beteiligt sich an den Kiezgremien (wie z.b. dem Quartiersrat) und an Festen und Veranstaltungen im Kiez.

Und dann gibt es da noch den Stadtteil Mitte, in dem seit den 20 Jahren nach dem Mauerfall durch Sanierungsmaßnahmen ein hoher Austausch der Bevölkerung stattgefunden hat und die ehemalige Ostberliner Bevölkerung durch den Zuzug einkommensstärkerer Schichten nahezu verdrängt wurde.

Aus diesen drei unterschiedlichen Welten kommen auch die Kinder unserer Schule: ein Schulleben am sozialen Äquator?

Eine Schule für Alle

In unserer Schule bilden sich die unterschiedlichen sozialen Strukturen der Kieze ab, jedoch die Eltern und LehrerInnen der Schule vereint der Wille, für ihre Kinder einen Raum zu schaffen, in dem ein selbstständiges Lernen und ein respektvoller Umgang mit Mensch und Natur möglich wird. Die Kinder leben daher in der Schule vor, was die Stadtentwicklung durch überholte Konzepte wie „Aufwertung" durch Ansiedlung einkommensstärkerer Schichten vergeblich versucht. Nicht nur sozial, sondern auch historisch von gänzlich anderer Herkunft, bereitet sich im gemeinsamen Spiel der Kinder etwas vor, das dazu beitragen kann - in der Zukunft - jene Brüche zu überwinden, von denen wir befürchten, das sie sich zunächst aufgrund wirtschaftlich begründeter politischer Entscheidungen noch verfestigen werden. So ermöglicht die interkulturelle Vielfalt den Kindern, Eltern und Pädagogen ein Begreifen und Erfahren unterschiedlicher Kulturen.

Der zu erwartenden Gewerbe- und Luxusbebauung des Mauerparks und der damit verbundenen Verschiebung der Sozialstruktur der Kieze sehen wir mit großer Sorge entgegen. Auch der Wegfall des direkt an unsere Schule angrenzenden Eckspielplatzes Wolliner Straße/Ecke Bernauer Straße, der bei unseren Schülern sehr beliebt ist und in ihren Pausen und nach Schulschluss aufgesucht wird, widerstrebt unseren Zielen. Den Kindern sollte – zumal in einer Großstadt – die Möglichkeit gegeben werden, sich mit allen Sinnen entfalten zu können. Dazu gehören körperliche Bewegung wie auch Erfahrungen mit und in der Natur. Eine grüne und nicht durch Hochhäuser verschattete Umgebung ist für die Entwicklung der Kinder wichtig. Daher engagiert sich unsere Schule auch für die Fertigstellung des Mauerparks ohne Bebauung.

Die Essenschlange

Ein Mitschnitt aus einer Schulversammlung 2009

Jeden Dienstag findet am Morgen die Schulversammlung statt. Hier werden alle wichtigen Themen besprochen. Ein oder zwei Kinder und ein Erwachsener leiten gemeinsam die Sitzung.

Die Kinder kommen herein und setzen sich in den Stuhlkreis. Die Schulversammlung wird vom Lehrer Matthias und der Schülerin Carla geleitet. Carla führt die Redeliste und erteilt den Kindern während der gesamten Schulversammlung das Wort.

Lehrer Matthias: „Wir sammeln erstmal die Themen, ja?"

Bela: „Thema eins ist Essenschlange."

Die Kinder sammeln weitere Themen. Lehrerin Beate protokolliert mit.

Bela äußert sich zu seinem Thema: „Ich hab das Thema Essenschlange. Und ich frage mich, ob man in der Warteschlange einen Platz freihalten darf. Ich würde mich da gern ein bisschen absprechen. Manche sagen man darf das, andere sagen, man darf das nicht."

Manche Kinder rufen etwas herein. Andere Kinder weisen darauf hin, dass sich alle melden müssen.

Carla meldet sich und ist dran: „Einen Platz für einen Freund oder eine Freundin freihalten geht nicht. Aber wenn der Freund schon mal da war und nur noch schnell was holen will, dann geht das schon."

Nina hat sich gemeldet: „Ich hab das so verstanden: Wenn Einer da steht und man fragt den, dann darf man vor, wenn der Andere damit einverstanden ist."

Die Kinder fangen wieder an dazwischen zu rufen. Z.B. „Es müssen aber alle in der Schlange damit einverstanden sein." Andere rufen „Ruhe" oder „Melden".

Max hat sich gemeldet: „Wenn man aus einer Verabredung rauskommt und einer geht schon vor, kann der einen Platz freihalten. Aber das geht nur für eine Person."

Es kommen wenig begeisterte Zwischenrufe: „Neee" und „Buuh".

Lehrer Matthias: „Stop. Es gab noch Meldungen."

Nike hat sich gemeldet: „Ja aber guckt mal: wenn alle in einer Schlange stehen und einer dann sagt ‚du darfst vorgehen', dann macht das doch denen die dahinter stehen gar nichts aus."

Marek hat sich gemeldet: „Ich glaube, das mit dem Vorlassen sollten wir gänzlich abschaffen. Es wird immer wieder Leute geben, die die Regeln brechen. Es wird immer wieder Ausnahmen, Ausnahmen, Ausnahmen geben. Man stellt sich einfach hinten an und dabei bleibt's."

Bela hat sich gemeldet: "Ich hab'n Vorschlag. Wir schaffen alle Regeln ab, außer wenn sich irgendjemand was holen muss, z.b. Besteck oder so. Dann kann er rausgehen und jemand anders kann ihm den Platz freihalten."

Palm hat sich gemeldet: "Aber wenn alle Regeln abgeschafft werden, dann darf man doch auch einfach vor gehen."

Zwischenruf: „Ja genau, wenn's keine Regeln mehr gibt..."

Carla: „Ruhe, Melden!"

Elijah: „Ich find's aber doof, wenn alle Regeln abgeschafft werden. Das ist für die Harmonie dann doof."

Albert hat sich gemeldet: „Wenn alle Regeln abgeschafft sind, dann kann ja einfach ein Größerer sagen ‚Ey mach'ne Fliege, ich steh jetzt hier.'"

Lehrer Matthias: „Ich glaub, ihr habt Belas Vorschlag ein bisschen falsch verstanden. Ich hab ihn so verstanden: Man stellt sich einfach hinten an und fertig. Und es gibt keine Ausnahmen, dass Einer oder auch Zwei vorgelassen werden können. Einzige Ausnahme ist, wenn man sich schnell Besteck holen will oder was ganz Notwendiges."

Bela stimmt ihm zu.

Carla: „Wollen wir das abstimmen?"

Die Kinder rufen „Ja".

Lehrer Matthias: „Okay, dann fasse ich noch mal zusammen: Man stellt sich in der Schlange hinten an. Es können keine Plätze freigehalten werden. Wenn zwei Kinder, die hintereinander stehen die Plätze tauschen wollen, können sie das machen – weil das ja für alle anderen hintendran egal ist. Und wenn man schnell auf Toilette muss oder Besteck holt oder nach vorne geht und schaut was es zu essen gibt, dann darf man auch an seinen Platz zurück. Jetzt ist die Frage, wer ist für Belas Vorschlag.

Alle melden sich. Es gibt Applaus.

Lehrerin Christine zählt die Stimmen. 36 Kinder und Erwachsene stimmen dafür.

Lehrer Matthias: „Und jetzt melden sich bitte alle, die dagegen sind.

Carla: „Gar keiner."

Wer enthält sich? Einige wenige.

Carla: „Okay. Ist angenommen."

Mauerquark - Was Kinder in einer Druckerei anstellen können

von Matthias Hofmann, Lehrer an der Freien Schule am Mauerpark seit 2006

„Wenn ein Kind lesen gelernt hat und gerne liest, entdeckt und erobert es eine zweite Welt, das Reich der Buchstaben. Das Land des Lesens ist ein geheimnisvoller, unendlicher Erdteil. Aus Druckerschwärze entstehen Dinge, Menschen, Geister und Götter, die man sonst nicht sehen könnte. Wer noch nicht lesen kann, sieht nur, was greifbar vor seiner Nase liegt oder steht: den Vater, die Türklingel, den Laternenanzünder, das Fahrrad, den Blumenstrauß und, vom Fenster aus, vielleicht den Kirchturm. Wer lesen kann, sitzt über einem Buch und erblickt mit einem Male den Kilimandscharo oder Karl den Großen oder Huckleberry Finn im Gebüsch oder Zeus als Stier, und auf seinem Rücken reitet die schöne Europa. Wer lesen kann, hat ein zweites paar Augen, und er muss nur aufpassen, dass er sich dabei das erste Paar nicht verdirbt." Erich Kästner[1]

In einer Druckerei können die Kinder selbst Dinge, Menschen, Geister und auch Götter aus der Druckerschwärze entstehen lassen, und gebrauchen doch ständig ihre beiden Paar Augen. Um dies zu ermöglichen haben wir eine Schuldruckerei in der Freien Schule am Mauerpark in Berlin. Im Folgenden möchte ich beschreiben, welche Voraussetzungen wir haben und auf welche Ideen und zu welchen Ergebnissen Kinder kommen, wenn ihnen eine Druckerei ohne Vorgaben zur Verfügung steht.

Die Ausgangslage

Nach einem Besuch in einer historischen Druckerei äußerten Kinder den Wunsch auch in der Schule drucken zu wollen. Unsere Schulkoordinatorin konnte eine alte Druckerei auftreiben und wir waren in der glücklichen Lage für wenig Geld viel Material zu bekommen.

Unsere Schuldruckerei teilt sich mit der Experimentierwerkstatt einen Raum, hat ca. 15 Schriften zur Auswahl und kann bis zu DIN A2 drucken. Alles funktioniert manuell und nur wenige Materialien sind neu. An sechs Arbeitsplätzen können Kinder setzen, an einem Linolschnitt anfertigen und an einem Bücher binden bzw. ein Buch mit Leimbindung herstellen.

Getreu unserem pädagogischen Selbstverständnis bieten wir in der Druckerei nichts Vorgegebenes an.[2] Die Kinder können nach Lust und Laune ausprobieren und einfach schauen, was dabei herauskommt. Oder sie haben konkrete Ideen, machen einen Entwurf und bekommen die nötige Unterstützung bei der Umsetzung. Soweit die Ausgangslage in Kürze.

Das Drucken

Die ersten Druckideen waren Spielereien mit dem eigenen Namen und Visitenkarten. Besonders die jüngeren Kinder wollten vor allem das Material und die Möglichkeiten ausprobieren. Visitenkarten entstanden in den verschiedensten Formen (manche klassisch im Kleinformat, andere in A4) und vor allem die Druckmotive (Pferde, Autos, Blumen...) wurden verwendet. Ein Kind startete den Versuch, sich mit dem Drucken von Visitenkarten, Einladungskarten etc. selbstständig zu machen, was aber aufgrund der dürftigen Auftragslage nicht von Erfolg gekrönt war. Spaß hat es trotzdem gemacht.

In einer zweiten ‚Phase' wurde viel mit Safttütendruck und verschiedenen Druckfarben experimentiert (In die gereinigten, aufgeschnittenen Saftpackungen werden auf der alubeschichteten Seite mit Kugelschreiber Motive oder Texte geritzt, die dann als Druckvorlage dienen). Häufige Motive waren Spielkarten mit entsprechenden Kampf- und Verteidigungspunkten. Beim Safttütendruck kommen die Kinder schnell zu einem Druckergebnis, was an manchen Tagen für manche Kinder ziemlich wichtig zu sein scheint.

Parallel hierzu begannen zwei Kinder jeweils ein Buch zu setzen. Zuerst kamen sie mit vorgeschriebenen Texten in die Druckerei und setzten diese - später haben sie die Geschichten während des Setzens weiterentwickelt. In der Vorstellung der Kinder besteht ein Buch aus vielen bedruckten Seiten, deshalb sollten die Geschichten auch sehr lang werden. Nach etwa einem Jahr sind nun vier Seiten fertig, das Projekt wird weiterverfolgt.

Spannend finde ich daran, dass sowohl Kinder die den Wunsch nach einem schnellen Ergebnis in sich tragen, als auch Kinder mit einer beachtlichen Ausdauer in der Druckerei etwas für sich finden.

Weil manche Kinder gern Linolschnitte fertigen, richteten wir auch einen Linolarbeitsplatz in die Druckerei ein. Wir haben aus Sicherheitsgründen dafür einen extra Arbeitsplatz eingerichtet. Dieser Platz wird gerne von Kindern genutzt, die nach Freiarbeit und Deutschverabredung keine große Lust mehr zum Texten haben, sondern auf andere Art und Weise kreativ werden wollen.

Seit dem es in der Druckerei möglich ist einfache Taschenbücher mit Leimbindung selbst herzustellen, wird mit Linoldruck auch oft die Vorderseite des Umschlages gedruckt.

Am Anfang haben wir mit echter Buchdruckfarbe gearbeitet. Der Nachteil war, dass die Farbe bis zu 24 Stunden zum Trocknen brauchte und die Flecken nicht mehr aus der Kleidung rausgingen. Wir haben dann auf Linoldruckfarbe umgestellt, die wasserlöslich ist, innerhalb von 2 Stunden trocknet, auswaschbar ist und leichter besorgt werden kann.

Das Binden

Durch das Hinzufügen des Buchbindebereichs hat sich das Arbeitsfeld noch einmal erweitert. Kinder binden sich ihre eigenen Schreibhefte selbst nach ihren Vorstellungen, gestalten die Umschläge und haben oft schon Ideen, wozu sie diese Hefte nutzen wollen. Dabei werden nur (wie beim Drucken) die einfachsten und billigsten Materialien verwendet. Zum einen hätten wir nicht das Geld um es anders zu handhaben, zum anderen gehört so das Anrühren des Bindeleimes aus Tapetenkleister und Holzleim (1:1) schon ,automatisch' mit dazu.

Wie kommen die Kinder zu neuen Ideen, wenn sie diese nicht einfach ,von selbst' mitbringen? Ein Junge hat seine Geburtstagseinladungen selbst gedruckt. Bei der Anrede ließ er Platz, damit er dann handschriftlich die Namen einfügen konnte. Woher er diese Idee hatte, kann ich nicht sagen. Andere Kinder haben seine Idee nachgeahmt/übernommen und wiederum Einladungen und Weihnachtsgrußkarten gedruckt. Und so geht es immer weiter. Da die Druckerei nicht mit festgelegten Themen oder ganz bestimmten Techniken besetzt ist, bleibt für die Kinder der Raum zum Experimentieren erhalten. Und für uns Erwachsene auch.

Druckerei und Schriftspracherwerb

Gerade für Kinder, die sich mit dem Anfangsschreiben abmühen, bietet die Druckerei einen guten Ort, um Buchstabe für Buchstabe (also Letter für Letter) die Wörter zusammenzusetzen. Dabei können auch vermeintlich ,schreibschwache' Kinder nach meiner Beobachtung gut auseinanderhalten, dass beim Setzen die Buchstaben auf dem Kopf, spiegelverkehrt und die Zeilen von unten nach oben gesetzt werden. Selten nehmen sie einen Spiegel, um ihre Texte zu kontrollieren.

Und dann gibt es da diese zauberhaften Momente, in denen versehentlich aus dem Mauerpark ein Mauerquark wird. Zuerst wird gestaunt, dann gelacht und schließlich fangen die Kinder an sich weitere ,Quark' zu überlegen, erkennen die Spiegelsymmetrie einzelner Buchstaben und spielen damit. Manchmal kommen am Ende Eselsbrücken heraus, die den Kindern helfen, nicht nur beim Drucken ein q und ein p zu unterscheiden.

Papier und Farben

Wir haben in den umliegenden Druckereien und Kopiergeschäften um Papierspenden gebeten und sind so ohne weitere Kosten an verschiedene Formate, Farben und Stärken von Papier gekommen. Druckfarben haben wir in schwarz, gelb, blau und rot. Allein die Kombination der Farben und diverser Mischungen daraus mit den verschiedenen Papieren machen eine große Bandbreite von

Druckerzeugnissen möglich. So kann eine blaue Geschichte mit dunkelblauer Farbe auf hellblauem Papier gedruckt werden.

Schriften

In der Druckerei stehen verschiedene Schriften zur Auswahl. Die meisten davon haben nur wenige Großbuchstaben, so dass beim Setzen notwendiger Weise auch mit den kleinen Buchstaben gearbeitet werden muss. Da uns eine große Plakatschrift fehlt, schneiden wir derzeit Buchstaben mit einer Höhe von 10cm aus Linol aus. Diese werden dann auf Holzstücke geklebt, so dass sie wie die Bleilettern genutzt werden können. Mit dieser Technik wäre es möglich eigene Schrifttypen oder auch eigene Buchstaben zu fertigen.

Das Herstellen von Buchstaben bedeutet, noch einen Schritt vor dem Setzen kennen zu lernen.

Erwachsene

Welche Aufgabe hat denn dann der Erwachsene, wenn die Kinder alles selbst tun können sollen? Diese Aufgaben können sein:

im gemeinsamen Gespräch das Vorhaben des Kindes genau zu verstehen

bei der Materialwahl behilflich sein (welche Schrift z.Bsp.)

auf Gefahrenquellen hinweisen

dokumentieren

Und das Wichtigste: selber in der Druckerei tätig sein. Jede neue Technik will ausprobiert werden und wenn die Kinder sehen, was ein anderes Kind oder ein Erwachsener da macht, dann kann daraus schnell Interesse entstehen, es selbst zu tun. Das ‚Einsammeln von Kindern' mit der Idee, ihnen zu zeigen wie dies oder jenes gehen kann, funktioniert an unserer Schule nicht. Und das finde ich gut so.

Ordnung

An Besuchertagen/Tagen der offenen Tür bemerke ich immer wieder, dass es für viele Eltern ein Thema ist, dass die Kinder in unserer Schule für die Ordnung mitverantwortlich sind und wir nicht für sie ihre Tische aufräumen. Manche Tische dienen nur als Ablage, denn das Kind arbeitet lieber am Gruppentisch, und so stapeln sich auf den Tischen dann die vielen mitgebrachten Utensilien. Nach ein paar Jahren Freie Schule weiß ich um die Bedürfnisse und Gedanken, die sich Kinder um ihre Plätze machen. Sie geben den Räumen ihre eigene Struktur und verhandeln diese dann mit den anderen Kindern und den LehrerInnen.

In der Druckerei wäre das undenkbar. Durch die Struktur der Setzkästen und die Aufteilung in Arbeitsbereiche (setzen, einfärben, drucken, trocknen, schneiden, binden...) ergibt sich eine innere Struktur, wie sie jeder traditionellen Werkstatt inne ist. Und diese Ordnung muss nicht nur akzeptiert, sondern auch beibehalten werden. Für mich war es ein Stück weit ein Experiment, ob eine solch ‚geordnete' Werkstatt in unserer doch manchmal etwas ‚chaotischen' Schule möglich ist. Und sie ist möglich. Bisher hat noch kein Kind diese Ordnung in Frage gestellt oder absichtlich durcheinander gebracht, obwohl es dafür zahlreiche Gelegenheiten gäbe (der Raum ist durch eine Nottür immer zugänglich).

Diese Erfahrung bringt mich noch auf einen weiteren Gedanken: Es gibt immer wieder die Befürchtung, dass Kinder, die ohne Noten und Zwang gelernt haben, anschließend im staatlichen Schulsystem nicht klar kämen. Wenn die Erfahrungen mit der ‚inneren Ordnung' der Druckerei übertragbar sind, dann kann man wohl sagen, dass sie mit jeder Ordnung deren Sinn sich verstehen lässt (und die nicht nur sich selbst oder einer vermeintlichen Macht dient) genauso gut klar kommen wie Kinder, die herkömmliche Schulformen besucht haben.[3]

Beim Schreiben dieses Artikels fiel mir auf, dass die Frage, warum man sich mit dem Setzen und Drucken eines Textes eine solche Mühe macht, wo es doch am PC so viel schneller und sauberer ginge, mir noch nie gestellt wurde. Es wäre ja ein Programm denkbar, dessen Oberfläche einem Setzkasten und einem Setzschiffchen nachempfunden wäre. Was bestimmt fehlen würde wäre der sinnlich-kreative Prozess mit dem Material an sich, die Möglichkeiten eigene Techniken zu probieren, das Schnattern und Lachen mit den anderen und vieles mehr. Was aber vielleicht das Wichtigste ist: wenn ich es selbsttätig[4] tue, dann kann ich erfahren und verstehen, was und wie es geschieht. Ich wähle nicht nur aus, ich gestalte selbst mit.

Abschließend möchte ich den Gedanken Erich Kästners aufgreifen: „Aus Druckerschwärze entstehen Dinge, Menschen, Geister und Götter, die man sonst nicht sehen könnte" und möchte festhalten, dass sich bisher weder ein Kind noch ein Elternteil beschwert hat, dass die Hände deutliche Spuren von Druckerschwärze aufweisen würden. Drachen und Zwerge, die aus der Druckerschwärze empor gestiegen sind, sollen aber schon gesehen worden sein.

1 Kästner, E.: Als ich ein kleiner Junge war. München 2008; S.90.

2 Das bezieht sich auf den ‚normalen' Schulalltag. Anders kann es z. Bsp. In einer Projektwoche aussehen. Aber auch hier entscheiden die Kinder mit, zu welchen Themen etwas erarbeitet wird.

3 Das deckt sich auch mit zahlreichen Berichten von Jugendlichen, die nach unserer Schule im staatlichen Schulsystem weitergelernt haben.

4 Selbsttätig im Sinne, wie es Minna Specht formuliert hat.

Die Quietscheente im Meer

Sabine Kübler, LehrerIn an der Freien Schule am Mauerpark seit 2010

Immer donnerstags 11 Uhr heißt es eintauchen in unsere selbstgeschriebene Geschichte. Dabei läuft unsere Phantasie auf Hochtouren. Die uns schon ans Herz gewachsenen Figuren erleben das, was wir wollen. Und dabei wird es durchaus manchmal witzig, durcheinander, dramatisch oder skurril. Zu Beginn und am Ende lesen wir uns abwechselnd das bisher Geschriebene noch einmal vor. Auch beim Aufschreiben ist jede mal dran. Es macht uns allen großen Spaß und wir glauben ganz fest an einen literarischen Durchbruch. Hier ein Auszug unserer Geschichte. Es erzählen Nika (7), Matilda (7), Alma (7) und Sabine (Lehrerin).

Die Quietscheente im Meer

Letztes Jahr im Herbst gab es ein Marktfest. Da wurden Quietscheentchen verkauft. Ein kleines Mädchen kam und kaufte eins. Sie fuhr damit in den Urlaub. Da ging sie damit schwimmen. Plötzlich kam eine starke Welle und riss ihr das Quietscheentchen Nialmasa aus der Hand. Der Ente schien das nichts auszumachen. Und sie schwamm weit weit fort. Das Mädchen weinte bitterlich. Sie hatte doch die Quietscheente soooo lieb. Die Ente schwamm und schwamm. Ein Taucher kam und nahm sie mit nach Hause. Er zeigte sie seiner Tochter Gisa. Diese freute sich sehr. Doch eines Tages in der Badewanne rutschte Nialmasa durch den Abguss. Und somit war sie wieder frei. Sie schwamm im Mittelmeer und tauchte unter. Dort fand sie die Antarktis. Sie hatte sehr große Angst vor dem König Halama, weil er immer so schnell U-Boot fährt. Nialmasa versteckte sich in den dichten Unterwasserpflanzen. Sie traf einen Frosch, der sie küssen wollte. Sie freute sich. Und sie verliebten sich. Der Frosch Kollo zeigte dem Entchen sein Zuhause. „Hier bist du sicher vor dem König Halama." sagte Kollo. Das beruhigte Nialmasa. Seit dem Tag teilen sie alles miteinander: Kuchen, Bettchen, Wasser, U-Boot, Träume, chinesische Nudeln, die Badewanne, Schlüssel, einen Stuhl, Messerchen, die Sonne, ein Klo, die Liebe...einfach alles. Und ab und zu kamen Wasservögel und Briefe vorbei. Nach zwei Jahren kam dann endlich der Quietschefrosch Navuschka auf die Welt. Er hatte einen Schnabel und quietschte Tag und Nacht. Mit seinen zwei Froschbeinen konnte er 50 Meter hoch hüpfen. Er trank am liebsten Wasserlimonade, die seine Mutter Nialmasa erfand. Navuschka wünschte sich so sehr Freunde. Die Frösche und die Enten lachten ihn immer aus. Er gehörte weder zu den einen noch zu den anderen. Als er seinen höchsten Sprung versuchte, staunten die Enten und die Frösche. Navuschka schaffte 180 Meter, aber bei der Landung verstauchte er sich ein Bein. Seine Eltern waren besorgt und stolz zugleich. Die Zuschauer, darunter Enten und Frösche, bewunderten ihn sehr für diesen Sprung. Und für seinen großen Schnabel. Sie bemerkten, er ist etwas Besonderes...

Die Fotos entstanden an einem Werkstatttag im Sommer 2010. Wir haben die Kinder gebeten, die Bilder zu erklären.

Kunika, 9 Jahre: Da wollten wir eine Schrottfabrik bauen, weil es Spaß gemacht hat. Die wurde dann auf den Schrotthaufen getan.

Schüler 4. und 5.Jahrgang: Wir spielen Fußball, weil es Spaß macht.

Beate, Schüler/innen 1. bis 6. Jahrgang: Wir zeichnen, freitags, da hatten wir Lust drauf.

Anja, Schülerinnen 1. bis 4. Jahrgang, Zoe: Mit meiner Freundin habe ich ein Beet mit Erdbeeren, Lavendel und anderen Pflanzen, von denen ich die Namen nicht weiß.

Moritz, 6 Jahre: Ich wollte was bauen, da habe ich erstmal die ganze Zeit nach passenden Hölzern gesucht.

Nike, 9 Jahre: Ich und meine Freundin bauen hier was aus Holzresten. Aber dann ist es wieder geschrottet worden. Wir haben uns die Schrott-Neu-Aufbauer genannt.

Almuth, Carla, 9 Jahre: Da säg ich etwas für einen Tisch, den wünscht sich Papa.

Emil, Oskar, 8 Jahre: Wir bauen ein Boot, weil wir ins Wasser fahren wollen.

Schülerinnen 2.-4. Jahrgang: Wir flüstern uns gerade was zu.
Wir wollten Ella trösten, die war gerade traurig.

Schüler 2. Jahrgang: Wir sammeln mit Christine
Kräuter und machen daraus Tee.

Kinder aus dem 6. Jahrgang: Wir zählen
Geld. Das haben uns Eltern gegeben. Das
ist für unsere Abgängerreise.

Emil, 9 Jahre: Ich drucke etwas,
weil es mir Spaß macht.

Schülerinnen aus dem 1. und 2. Jahrgang: Wir haben uns Sticker angeguckt und geordnet.

Schüler 1. und 5. Jahrgang, Nahuel: Ich grabe ein Loch, weil mir langweilig war.

SchülerInnen aus dem 6. Jahrgang: Wir misten unser Beet aus, machen es schön. Damit es schöner aussieht.

Englisch lernen an der Freien Schule – das ist so eine Sache ...

Christine Pietsch, Lehrerin an der Freien Schule am Mauerpark seit 2007

Um eine Fremdsprache neu zu lernen braucht man vor allem Kontinuität und eine gute Portion an Selbstdisziplin, um neue Vokabeln, Zeiten, Satzstrukturen und Grammatik zu erfassen und zu erlernen. Denn eine Fremdsprache erschließt sich nicht aus Beobachtungen und kann häufig auch nicht aus bereits Vertrautem und Bekannten abgeleitet werden. So habe ich zumindest das Erlernen von Fremdsprachen in meiner Schullaufbahn erlebt. Um aber zu büffeln und an einer Sache dranzubleiben, braucht man einen Antrieb, einen Grund.

Als Schülerin hatte ich glücklicherweise einen Grund, die englische Sprache zu lernen: Ich wollte endlich die Kultur meiner Familie (mein Großvater war Engländer) verstehen lernen, um daran teilhaben zu können. So freute ich mich anfänglich sehr auf den Englischunterricht. Doch hatte das, was ich dort inhaltlich aus dem Standardwerk vorgesetzt bekam nichts mit dem zu tun, worum es mir ging – nämlich z.B. den englischen Humor zu begreifen und mit meinen englischen Verwandten spielen und kommunizieren zu können. Mein Interesse am Englischunterricht versandete nach und nach.

Erst durch meinen Englandaufenthalt habe ich meine Leidenschaft für die englische Sprache neu entdeckt und belebt – und ruckzuck die Sprache von Grund auf durchdrungen und erlernt. Diese biografische Erfahrung ist für mich als Lernbegleiterin in Englisch an einer Freien Alternativschule durchaus wichtig – die zentrale Frage die ich mir bei der Lernbegleitung stelle ist: wie kann ich die Leidenschaft oder das Interesse für diese Fremdsprache in meinem Gegenüber wecken? Oder anders formuliert: Welche Gründe haben die Kinder, um sich mit der englischen Sprache auseinander zu setzten und wie kann ich deren Gründe aufspüren, vielleicht auch wecken und daran anknüpfen?

Bei der Lernbegleitung in Englisch sind meines Erachtens vier Aspekte wichtig:

- meine eigene Leidenschaft für die Sprache und Kultur in der Schule authentisch vorzuleben (Ich liebe es zum Beispiel eine Teezeremonie nach den goldenen Regeln abzuhalten oder manchmal einfach Englisch zu reden.)

- Herauszufinden wofür sich die Kinder gerade interessieren, um deren Themen aufzugreifen und mit der englischen Sprache zu verknüpfen, falls es sich verbinden lässt und nicht wie „pädagogisch erzwungen" wirkt.

- durch das praktische Tun die englische Sprache näher zu bringen z.B. beim Backen, bei Stadterkundungen, beim Folgen von Wegbeschreibungen, beim Ein-

kaufen in einem englischen Laden, beim Basteln einer englischen Weihnachts-
stadt etc.)

- durch Spiele, Spaß und Freude an der englischen Sprache zu wecken – ohne
dass das Lernen von Vokabeln usw. als rein stupides Auswendiglernen aufgefasst
wird

So sehen meine Englischverabredungen sehr unterschiedlich aus, je nach dem
mit welchen Kindern ich es zu tun habe. Es gibt die regelmäßigen „English
Teatime" – Verabredungen, bei denen wir gemeinsam backen und manchmal
anschließend auch eine Teestunde abhalten, während wir bei dem gesamten
Prozess weitestgehend Englisch sprechen. Des Weiteren biete ich englische
Spieleverabredungen an, in denen wir ganz unterschiedliche Spiele drinnen und
draußen spielen und häufiger auch unsere Spiele vorher selbst bauen – auch
dabei kann man bereits englische Konversation üben. Manche Kinder lieben es
englischen Geschichten, Büchern und Hörspielen zu lauschen, so dass manchmal Vorleseverabredungen entstehen, in denen wir über einen längeren Zeitraum ein englisches Buch lesen. Und natürlich biete ich auch eher „klassische"
Englischverabredungen an, in denen wir zuvor gemeinsam ausgewählte Themen
wie einen Cafébesuch, Einkaufen, Tiere, Möbel, Verkehr etc. bearbeiten. Die
Bearbeitung der Themen kann dabei sehr unterschiedlich sein. Je nach Gruppe,
erarbeiten wir uns die Themen mittels Rollenspielen und praktischen Vorhaben oder mit Hilfe von Vokabelkarten und Arbeitsblättern. Oder wir wählen
eine Mischform aus allem. Auch hier gilt, dass ich viel Material manchmal auch
gemeinsam mit den Kindern selbst herstelle. Denn die teils spezifischen The-
menwünsche und oft auch sehr individuellen Ideen und Blickwinkel der Kinder,
wie man sich einem Thema widmet, werden häufig nicht in den Standardwerken
erfasst.

Für die Vorbereitung der Verabredungen bedeutet dies viel Kreativität und
Zeitengagement sowie immer wieder die Muße genau hinzuhören, was und wie
welche Kinder bearbeiten wollen.

Doch schwierig bleibt: was gibt den Kindern wirklich einen Grund die englische
Sprache lernen zu wollen? - Im Alltag gibt es viele praktische Anlässe, um das
Rechnen, Lesen und Schreiben können zu wollen. Doch für den Erwerb einer
Fremdsprache sieht es häufig etwas anders aus. Es gibt zwar die englische Mu-
sik, die Computersprache oder natürlich auch bei einzelnen Kindern den Wunsch
zu reisen und dafür eine Weltsprache beherrschen zu können. Doch ergibt sich
bei weitem nicht für alle aus dem praktischen Alltag heraus ein Grund und
Antrieb hierfür.

Für mich als Lernbegleiterin für Englisch an der Freien Schule ergibt sich
dadurch die Zwickmühle einerseits die Kinder nicht zum Englischunterricht ver-

donnern zu wollen, wenn sie hierfür keinen Grund sehen, andererseits aber zu wissen, das Englisch ein wichtiges Fach an weiterführenden Schulen ist, in dem bestimmte Grundkenntnisse vorausgesetzt werden. So sehe ich in der Suche nach konkreten Anlässen für den Englischerwerb eine zentrale Aufgabe in der Vorbereitung meiner Lernverabredungen.

Eine aktuelle Idee ist Kontakte zu englischen Freien Alternativschulen zu knüpfen, um den Kindern konkrete England- bzw. Austauscherfahrungen zu ermöglichen und somit mögliche neue Sprach-Anlässe zu schaffen. Denn Freunde in England zu haben, mit denen man sich E-Mails oder Briefe schreiben oder sogar über Skype kommunizieren kann, eröffnet ganz neue Horizonte, und schafft möglicherweise neue Gründe, die englische Sprache lernen zu wollen. Ich bin gespannt, ob eine der recherchierten englischen Schulen zukünftig unsere Partnerschule sein wird. Außerdem findet in diesem Jahr die IDEC@EUDEC Conferance in England statt, so dass eins meiner Ziele dort sein wird, Menschen oder Schulen zu finden, die an einer Kooperation interessiert sind – Ich freue mich schon sehr darauf!

von Sabine Kübler, Lehrerin an der Freien Schule am Mauerpark seit 2010

29.04.10: Morgenrunde im Bereich der Jüngeren, ca. 9:40 Uhr

Am Ende der Morgenrunde erkundigt sich der Teamer Christian.1.: „Was macht ihr heute in der Arbeitszeit?" Die Kinder antworten reihum. Sascha.: „Ich mach mit Tim irgendwas." Tim willigt mit einem: „Ok." ein. Daraufhin Teamer Christian: „Dann setzt euch in die Teppichecke und überlegt, was ‚irgendwas' ist." Die beiden setzen sich in die Ecke und reden. Kurze Zeit später beschäftigen sie sich mit Klangkugeln, die sie in der Ecke gefunden haben. Nach ein paar Minuten kommt Teamer Christian und hakt nach: „Und, habt ihr was für heute gefunden?" Aber sie wissen noch nichts. Teamer Christian gibt ihnen Bücher, damit sie Anregungen für ein spannendes Thema finden können. Sascha und Tim schauen sich ein Buch eine Weile an. Sie reden über das eine und andere Thema. Fünf Minuten später gehen Sie aus dem Raum.

15.04.10: Gemeinsames Arbeiten im Bereich der Jüngeren, ca. 11:30 Uhr

Lukas und Berkan bauen den ganzen Vormittag gemeinsam an einem Katapult. Als andere Kinder plötzlich anfangen, neben ihnen Pokémon zu spielen, geht Lukas zu ihnen. Berkan reagiert sofort: „Lukas, lass dich nicht ablenken!" Daraufhin kommt Lukas zurück und baut weiter. Etwas später lassen sich beide davon ablenken. Kurz darauf Berkan jedoch: „ Lukas, es geht weiter!" Sie bauen weiter.

17.06.10: Gemeinsames Arbeiten im Bereich der Jüngeren, ca. 10:30 Uhr

Es wird gemeinsam mit Lupen experimentiert. Katrin zur Teamerin Silke: „Silke, meine Lupe ist weg." Silke darauf: „Es gibt nicht ‚meine'. Jeder benutzt sie mal." Ralf: „Hier, du kannst meine haben." Wenige Sekunden später fragt auch Tom die Teamerin Silke: „Silke, gibt es noch eine Lupe?" Silke: „Nein, leider nicht." Paula bietet ihm an: „Du kannst bei mir mitmachen."

27.05.10: Ein kleines spontanes Interview mit Charlotte (9) und mir, ca. 12:20 Uhr

Charlotte bastelt für ihre Puppe Kleidung aus Filz. Ich sitze neben ihr und male. Sie fängt von selbst an zu erzählen und es ergibt sich folgende Unterhaltung.

Charlotte: „Ich find's bei der Schule gut, dass man alle Materialien hat. (...) Ich könnt jetzt auch was mit Leder machen."

Ich: „Meinst du, das kann man an anderen Schulen auch machen?"

Charlotte: „Nein, dort lernen die Kinder nur."

Ich: „Und das machst du nicht so gern?"

Charlotte: „Nein, das ist nicht grade meine Lieblingseigenschaft. (…) Erst meine zweite."

Ich: „Was ist deine erste?"

Charlotte: „Malen."

Ich: „Und das können Kinder an anderen Schulen nicht?"

Charlotte: „Nein, da müssen sie die ganze Zeit lernen und in den Pausen kann man ja nicht so schnell malen."

Ich: „Kennst du Kinder von anderen Schulen?"

Charlotte: „Ja, viele. (…) Ich würde mir schon gern mal so eine Schule anschauen."

Ich: „ Meinst du, die Kinder dort können etwas besser?"

Charlotte: „Ja, schreiben und lesen. Die müssen das ja den ganzen Tag machen. (…) Ich find's nicht doof, dass sie mehr können. Es sind ja meine Freunde."

Der Dialog wird durch die Essenglocke unterbrochen. Charlotte läuft in den Speisesaal.

29.05.10: Arbeitszeit im Bereich der Älteren, ca. 10:45 Uhr

Lasse kommt vom Diabolospielen in den Raum, in dem Arbeitszeit gemacht wird und sagt zu dem Teamer Thomas: „Mir ist langweilig. Jetzt musst du mir was vorschlagen." Der Teamer schlägt ihm ein spannendes Buch vor. Lasse lehnt dieses jedoch ab. Teamer Thomas.: „Möchtest du etwas machen, was du schon kannst oder etwas Neues?" Lasse: „Was ich schon kann. Aber auf Fußballspielen habe ich keine Lust." Daraufhin der Teamer: „Wie wäre es mit einem Spielplatz-demo-Plakat?" Lasse antwortet jedoch: „Ich möchte etwas Sinnvolles machen." Teamer.: „Das ist total wichtig." Lasse: „Nö. Dann langweile ich mich halt." Etwa fünf Minuten später hakt der Teamer Thomas noch einmal nach: „Also Lasse, was willst du machen?" Schließlich steht Lasse auf, streckt die Arme nach oben und ruft: „Ich bin frei." Daraufhin verlässt er den Raum.

17.06.10: Morgenrunde im Bereich der Jüngeren, ca. 9:30 Uhr

Es wird in der Gruppe über die Sinnhaftigkeit der Morgenrunde diskutiert. Die Kinder finden sie generell langweilig und sinnlos. Der Teamer Georg versucht ihre Wichtigkeit folgendermaßen deutlich zu machen: „Die Morgenrunde ist wie ein Hafen. Hier starten wir gemeinsam. Den restlichen Tag könnt ihr allein raus fahren, umherirren und euer Ziel suchen." Leyla reagiert mit einem: „Häh?" Teamer Georg versucht weiter: „Welche Arten von Schiffen oder Booten kennt ihr?" Die Kinder nennen daraufhin zahlreiche Beispiele. Teamer Georg inspiriert die Kinder daraufhin: „Ok, wir könnten jetzt alle unsere Augen zumachen und jeder kann überlegen, wie sein ganz persönliches Schiff aussieht." Die Kinder zeigen Begeisterung und schließen für ein paar Sekunden ihre Augen. Leyla schlägt vor: „Ich hab eine Idee. Jeder könnte jetzt sein Schiff malen. Teamer Georg: „Ok, wenn ihr wollt, könnt ihr das gern in eurer Arbeitszeit machen und ich male euch dafür einen Hafen. Dort können wir dann unsere Schiffe draufkleben."

08.11.2010: Arbeitszeit im Bereich der Jüngeren, ca. 10:30 Uhr

Jeden Tag lesen alle zusammen in diesem Raum am Ende der Morgenrunde eine Geschichte. Heute fragt Lenni bevor es losgeht: „Ich möchte lieber schon Arbeitszeit machen. Darf ich?" „Natürlich." antwortet Teamer Johannes. Lenni setzt sich an seinen Schreibtisch und fängt an, in seinem Deutschheft Worte zu schreiben. Mit Hilfe seiner Anlauttabelle geht er Buchstabe für Buchstabe vor. Langsam entstehen Wörter zu den vorgedruckten Bildern. Er freut sich über jedes neue Wort. Hin und wieder fragt er die Teamerin Maria nach der richtigen Schreibweise: „Maria, wird Dach mit T geschrieben?" „Nein, mit D wie Dinosaurier." antwortet sie. Nach der Arbeitszeit berichtet er ihr stolz, dass er schon so weit wie ein Mädchen aus dem dritten Jahrgang ist. Besonders stolz ist er heute auf sein geschriebenes Wort „Ananas."

QuereinsteigerInnen schreiben.

Hier kann man sich aussuchen, wann man Fächer macht!!! Hier macht es Spaß zu lernen und der Rest auch!!!! Man muss keine Hausaufgaben machen. Man muss keinen Schulranzen mitnehmen.

Luan Baranowski, Quereinstieg im Jahr 2009, derzeit 6. Jahrgang

Hier macht es Spaß zu lernen und der Rest auch. Man muss keinen Schulranzen mitnehmen und man muss keine Hausaufgaben machen.

Noah van der Brock, Quereinstieg im Jahr 2005, derzeit 6. Jahrgang

Man hat ganz viele Freiheiten und man hat auch einmal die Woche eine Schulversammlung. Morgens haben wir eine Morgenrunde, da werden die drei W's angesprochen:

Wer ist da?

Was steht heute an?

Was machst du in der Arbeitszeit?

In der Arbeitszeit kann man sich aussuchen, was man macht. Aber der größte Unterschied ist, dass man keine Noten bekommt und dass es keinen Stundenplan gibt. Wenn man will, kann man den ganzen Tag lernen oder auch spielen.

Dabei muss man als Schülerin viel Verantwortung auf sich nehmen.

Sophie Hofmann, derzeit 6. Jahrgang, ist im 5. Jahrgang auf die Freie Schule am Mauerpark gewechselt.

Abgänger der 6. Klasse schreiben

Als ich in die erste Klasse kam, war erstmal alles ziemlich verwirrend für mich. Am ersten Tag verirrten sich Hannah und ich in der Schule, weil wir ja noch im alten Gebäude Probewoche hatten. Ich war bei Sylva im Raum und sehr schüchtern am Anfang. In der Arbeitszeit malte ich meistens mit Hannah. Später kam dann auch Tabea dazu und wir machten mit Sylva eine Pflanzen-Verabredung.

In der zweiten Klasse spielte ich auch viel mit Fine. Dann wechselte ich mit Hannah in Franks Raum. Da machten wir viel Mathe und haben Schreibschrift gelernt. Doch Frank hatte mit den Jungs in unserem Raum viel Streit und einige Eltern wollten Frank nicht mehr als Lehrer haben und so ging er. Das fand ich sehr blöd und war sauer auf die Jungs.

Für Frank kam dann Luna und ich wechselte zu ihr in den Raum. Dort war es sehr witzig. Doch dann ging Fines Schwester von der Schule ab und Fine wollte dann auch gehen. Dann kam Zoe in die Schule. Am Anfang fand ich Zoe immer ganz doof. Aber dann kam Zoe auch in Lunas Raum und ich fing an, sie zu mögen. Zoe machte dann auch bei unserer Schreibschrift-Verabredung mit. Wir machten mit Luna Jonglieren, Mathe und Englisch. Doch dann sagte Luna, dass sie wieder nach Holland ziehen und nicht mehr unsere Lehrerin sein würde. Ich war sehr traurig.

In der dritten und vierten Klasse stritten wir uns alle sehr oft. Dann kam Ruby in die Schule und zwischen ihr und Zoe gab es viel Streit. Ruby wollte bei unserer Schokoladenverabredung mitmachen, aber Zoe und Tabea waren dagegen. Und so stritten wir uns wieder.

In der vierten Klasse wechselte ich zu Katha in den Raum. Beate war meine Vertrauenslehrerin. Jeden Montag trafen Nina, Joshi, Carla, Lucas und ich uns mit Beate. Wir redeten über unsere Wochenenden und Beate verteilte Gummibärchen und Mentos. Ich freundete mich mit Nina und Carla an. In der fünften Klasse waren Zoe, Hannah und ich sehr oft im Tanzraum. Verabredungen habe ich eigentlich in diesem Jahr keine gemacht, sondern nur an der Arbeitszeit teilgenommen.

In der sechsten Klasse fing ich an, mich anzustrengen. Wir sammelten Geld für unsere Abgängerreise nach Italien. Ich ging immer zu den 6.Klasse-Verabredungen, machte Bio mit Beate und ging hin und wieder zu Kursen.

Es hat viel Spaß gemacht, hier zu lernen und ich finde es schade, dass ich jetzt ins Gymnasium gehen muss. Aber es war sehr schön hier!

Lilith Lohan, Schülerin an der Freien Schule am Mauerpark von 2004 bis 2010

Ich freue mich auf die neue Schule, aber ich bin auch traurig. Jetzt kann ich nicht mehr mit Uwe (Lehrer) Teufel spielen oder Beate (Lehrerin) ärgern. Ich finde, dass wir eine schöne Zeit hatten.

Tabea Pahlisch, Schülerin an der Freien Schule am Mauerpark von 2004 bis 2010

Wir haben uns zwar oft gestritten, aber es war auch sehr lustig... Ich danke allen Kindern und Teamern für meine wunderschöne Zeit hier! Ich bin traurig aber auch glücklich einen neuen Weg zu gehen.

Zoe Zain, Schülerin an der Freien Schule am Mauerpark von 2007 bis 2010

Als ich auf die Schule kam, war ich in der vierten Klasse, denn ich bin ein Quereinsteiger. Ich wurde von den Kindern gut und nett aufgenommen. Meine jetzigen Freunde mochten mich damals überhaupt nicht. Aber jetzt spiel ich mit ihnen fast jeden Nachmittag Basketball.

Ruben Rupprath, Schüler an der Freien Schule am Mauerpark von 2008 bis 2010

Ich kann mich leider nicht so gut an die ersten zwei Jahre erinnern. Aber ich weiß noch ganz genau, dass Beate (Lehrerin) und ich eine Geschichte geschrieben haben, die ich ihr vorlas. So habe ich mit Beate Lesen gelernt... Meine erste Freundin war Lilith. Eine Zeit lang hatte Lilith ganz doll Heimweh. Dann hat Sylva sie an die Hand genommen und getröstet. Ich glaube, ich war ihr dabei eine große Hilfe... In der 4. Klasse machte ich mit Paula ein Projekt über Delfine und Wale. Paula und ich bereiteten uns gut darauf vor. Im großen und ganzen fand ich, es war ein ganz schönes Projekt... In der fünften Klasse habe ich mich gefragt, was nach der sechsten Klasse kommt und ich konnte mir nicht vorstellen, die Schule irgendwann zu verlassen... Dieses Jahr war eins der schönsten Jahre hier. Ich habe viel gelernt und bin (finde ich) ganz o.k. in Mathe. Und jetzt bin ich auch bereit an eine neue Schule zu gehen.

Hannah Thiele, Schülerin an der Freien Schule am Mauerpark von 2004 bis 2010

Interview mit Holger Stein (hier Lehrer seit 2001), Inken Gemmeker (hier Lehrerin von 2007-2010) und Matthias Hofmann (hier Lehrer seit 2006)

Ihr arbeitet als LehrerInnen mit den älteren Kindern, also mit Kindern aus den Jahrgängen 4-6 zusammen. Welche Lernwege gehen diese Kinder?

Matthias: Das unterscheidet sich nicht wesentlich von den Lernwegen der jüngeren Kinder. Die Bandbreite ist groß. Manche Kindern arbeiten zu einzelnen Themen oder Fragestellungen ganz selbstständig - von der Ausgangsfrage über die Recherche bis hin zur Präsentation. Andere arbeiten lieber in Lerngruppen mit einem Erwachsenen. Oder in Mathe 6 fordern die Kinder von mir z.b. recht vehement ein, dass ich entscheide, was nun ansteht und welchen Weg wir gehen, z.b. wenn es um Bruchrechnung geht.

Inken: Mir fällt da ein Beispiel ein. Einige Kinder haben letztes Jahr angefangen einen Flaschenzug zu bauen. Als Ergebnis hing ein Mädchen im Baum, der Flaschenzug hatte also funktioniert. Sie haben sich dann länger mit Flaschenzügen und Kräften beschäftigt.

Holger: Dazu muss man sagen, dass wir vorher mit den Kindern in einer Ausstellung waren in der man Flaschenzüge mit 2, 3 oder 4 Rollen sehen konnte.

Mir fällt bei dieser Frage ein Kind ein, das schon in der ersten Klasse Spulen gewickelt und kleine Dampfmaschinen gebaut hat. Schreiben wollte er partout nicht. Er saß aber immer mit dem Katalog eines Elektronik-Marktes da und hat dann um bestellen zu können, mit dem Katalog als Fibel-Ersatz das Lesen gelernt.

Wie sah das aus, wenn er die ersten Jahre nicht zu Lernverabredungen gekommen ist?

Holger: Er ist einfach nicht gekommen oder hat in der Verabredung halt etwas anderes gemacht.

Ein anderes Kind ist seinen Lernweg über extrem fokussierte Interessen gegangen. In der ersten Klasse fing das mit Dinosauriern an, dann kam Fußball und schließlich das Level-spielen. Ich weiß gar nicht, ob er mal etwas anderes gemacht hat als das eine Thema, was ihn gerade interessierte. Jetzt ist er an einem Gymnasium mit mathematisch/naturwissenschaftlichem Schwerpunkt. Vielleicht ist das bei ihm einfach eine Begabung. Wir können uns zugute halten, dass wir ihm wenigstens nicht verbaut haben, seinen eigenen Weg zu gehen. (lacht)

Inken: Ein anderer Junge regt sich darüber auf, dass ich rauche und hat sich dann intensiv mit dem Thema beschäftigt.

Holger: Ja, weil bei uns die Beziehungen untereinander so wichtig sind. Er macht sich vielleicht Sorgen um dich oder will dich argumentativ überzeugen.

Matthias: Es wäre ja auch spannend bei ihm nachzufragen, was ihn an dem Thema so anspringt, woher seine Sorge rührt.

Stehen bei den Kindern des 6. Jahrganges die vielen Lernverabredungen im Widerspruch zu den individuellen Wünschen der Kinder?

Inken: Jain. Das ist immer eine Mischung aus Angeboten für alle und individuellen Wünschen. Es gab da zum Beispiel Kinder die immer nur Arbeitsblätter haben wollten und Andere, die lieber über das freie Schreiben ihre Kenntnisse vertiefen wollten. Da war dann natürlich Beides zugleich möglich.

Holger: Das ist auch ein Weg, den ,Standard-Sachen' nicht so viel Raum zu geben.

In den letzten Jahren kommen die ehemaligen SchülerInnen zu uns, um uns Rückmeldungen zu geben. Vorbeigeschaut haben Ehemalige schon immer mal, aber jetzt sagen sie uns auch, was wir besser machen können. Unter anderem wäre es für Manche/N gut gewesen, die Flüsse Europas zu kennen oder mal gezeigt zu bekommen, wie man ein Hausaufgabenheft führt.

Inken: Wenn die Ehemaligen kommen und erzählen, dann entscheiden ja auch unsere Kinder, was sie hier in der Schule möglicherweise anders üben wollen.

Matthias: Ich treffe mich einmal in der Woche mit den Kindern, die jetzt auf anderen Schulen sind zu ,Mathe 7'. Das ist für mich die beste Vorbereitung auf die Mathe 6 Verabredung. Die Ehemaligen können ziemlich genau benennen, worauf es ankommt. Oft fehlen ihnen die lateinischen Begriffe, aber die kann man ja schnell nachholen.

Es dürfte dann doch auch in den anderen Fächern darauf ankommen, was im 7. Schuljahr von den Kindern erwartet wird, oder?

Holger: Seit 2 bis 3 Jahren gehen wir mit den Kindern die Lernausgangslagen für das 7. Schuljahr durch, die sich ja aus dem Rahmenlehrplan ergeben. Das heißt, das Pferd von hinten aufzuzäumen. Die Kinder bekommen so die Sicherheit, dass sie auch Vieles können.

Inken: Die Lernausgangslage in Deutsch arbeiten sie in einer Woche durch, dann ist die auch erledigt.

Holger: Das finde ich beachtlich. In Mathe reichte das für das ganze Schuljahr. Das ist dann ein guter Anlass Themen zu bearbeiten, die bisher noch nicht dran waren, wie zum Beispiel die Bruchrechnung.

Was beschäftigt die älteren Schulkinder besonders?

Inken: Da geht es vor allem um Tanzen, erste Beziehungen und die körperlichen Entwicklungen.

Hast du ein Beispiel? Tanzen ist ja eindeutig, aber was meinen die anderen Aspekte?

Inken: Im 5. Jahrgang spielen erste Beziehungen zwischen Jungen und Mädchen eine entscheidende Rolle. Es ist kaum ein anderes Thema möglich als Dieses.

Holger: In den ersten drei Jahren in unsrer Schule haben sie ihre Freundschaften ausgehandelt. Das wird dann durch die Kinder, die von anderen Schulen zu uns wechseln alles wieder aufgemischt.

Zudem spielen in den ersten beiden Jahren Jungen und Mädchen oft miteinander. Im 3. und 4. Jahr grenzen sie sich mehr voneinander ab und im 5. Jahr interessieren sie sich füreinander und probieren sich miteinander aus. Im 6. Jahr gehen sie dann wieder meist sehr freundschaftlich miteinander um.

Inken: Ja, der 5. Jahrgang ist der Höhepunkt des „sich Näherkommens" (lacht).

Holger: Das wird auch immer öffentlicher, wenn es an allen Wänden geschrieben steht.

Wie gehen die Kinder mit dem Abschied von der Freien Schule um?

Matthias: Manche sind dann einfach erstmal ‚weg' und kommen Jahre später überraschend vorbei. Meistens fragen sie nach Sylva, Holger, Beate oder Uwe, die kennen sie dann ja noch von früher. Andere besuchen uns regelmäßig und erzählen erstmal ne ganze Menge über ihre neue Schule. Wir haben einen Mail-Verteiler eingerichtet, über den die Ehemaligen zu größeren Veranstaltungen eingeladen werden.

Mit dem Abschied gehen die Kinder ganz unterschiedlich um. Was mir aber immer wieder auffällt ist, dass sie dabei ein lachendes und ein weinendes Auge haben. Ein Weinendes für den Abschied und ein Lachendes, weil es jetzt endlich an einer größeren Schule weiter geht und das neue Möglichkeiten für Freundschaften mit sich bringt.

Anspruch und Wirklichkeit und was ist das Schöne und Anstrengende an dieser Arbeit

Christine Pietsch, Lehrerin an der Freien Schule am Mauerpark seit 2007

Ich kam als Diplompädagogin an die Schule mit vielen Ideen für die Gestaltung gemeinsamer Lernprozesse aber ohne glasklare Vorstellungen von meiner konkreten Rolle als Freie Schule Lehrerin. Schön war, das stand fest, dass ich mich in meinem Blick sowohl auf das Kind als auch auf meine PädagogIn-Rolle hier (im Gegensatz zur vorherigen Regelschule) verstanden fühlte. Es ist beflügelnd, nicht nur im Studium theoretisch von der Gleichwürdigkeit von Kindern und Lehrern und gemeinsamen Lernprozessen auf Augenhöhe zu hören, wo das Kind als geborener Lerner seine Lernprozesse selbst wählen kann und als Gestalter seiner eigenen sozialen, emotionalen und intellektuellen Entwicklung anerkannt wird, sondern nun einen Ort gefunden zu haben, an dem dieser Anspruch bestmöglich auch praktisch gelebt wird.

Die Rolle der Freie Schule LehrerIn

Von Anfang an hat mich an dieser Schule die Vielfalt in der Lehrerschaft begeistert. Das pädagogische Team besteht aus einer bunten Mischung von Menschen mit unterschiedlichen Berufsausbildungen, Qualifikationen, Herkunftsorten, Lebenswegen und Interessengebieten, die fast alle mit 36 Stunden ganztägig gemeinsam für die Kinder verantwortlich sind. So arbeiten ErzieherInnen, PädagogInnen, LehrerInnen sowie ein Physiker, ein Psychologe und ein Architekt Hand in Hand in einem Team und bringen ihre unterschiedlichen Neigungen und Talente, die vom Lehmbau, Backen, Plastisieren, Experimentieren und der Garten- und Holzarbeit, bis zum Trommeln, Theater, Flöten und der Clownerie reichen in den pädagogischen Alltag mit ein. Denn das Schöne ist an dieser Schule, dass man hier nicht nur seine im herkömmlichen Sinne klar definierte Rolle als Deutsch-, Mathe- oder Englischlehrerin etc. ausübt, sondern gerade durch das Einbringen seiner persönlichen Leidenschaften auch ein Stück von der eigenen Persönlichkeit mit einfließen lässt. Hier darf man „Mensch" sein und authentisch zusammen mit den Kindern, Kollegen und Eltern agieren, lernen und den gemeinsamen Traum der alternativen Schulform leben.

Die Aufgaben einer/s Freien Schule LehrerIn sind sehr vielschichtig und untergliedern sich an unserer Schule in zwei Ebenen: 1. die Arbeit mit den Kindern und 2. die Arbeit in der Schulorganisation und –entwicklung.

Die Arbeit mit den Kindern

Ein großer Eckpfeiler in der Pädagogik an unserer Schule ist, dass wir täglich bemüht sind, die Lernthemen und -prozesse der Kinder wahrzunehmen und aufzugreifen. Wer beschäftigt sich gerade mit welchen Fragen, wer möchte welche Technik üben, wer hat welche Beobachtungen gemacht und möchte diese weiter erforschen? – Die Lernfelder der Kinder können hierbei sehr individuell und vielseitig sein. Entsprechend sind auch unsere angefragten Hilfestellungen und Inputs sehr unterschiedlich und vielschichtig.

LehrerIn sein an der Freien Schule bedeutet, nicht nur ein guter Beobachter, sondern auch Forscher, Begleiter und Querdenker mit einer offenen, sensiblen und flexiblen Haltung zu sein. Zunächst verlangt es, dass man offen gegenüber den Kinderthemen ist (auch wenn man zum Beispiel „Pokémons" nicht mehr hören kann). Es geht darum, sensibel diese Themen sowie die Lernwege und Lerntempi der Kinder wahrzunehmen und daran anzuknüpfen. Die Begleitung der Lernprozesse ringt einem viel Forscherbereitschaft und Erfindungsgeist ab. So kann die Lernbegleitung vom klassischen Vermitteln von Rechenoperationen oder Rechtschreibung über das Rechnen mit Bauklötzen, Gemüsewaage und Pokémons oder anderen selbst entwickelten Materialien bis hin zum Bauen und Erforschen von Flugobjekten und Kläranlagen sowie zu englischen Einkaufsbummeln und Rollenspielen und zum Schreiben und ausprobieren eigener Backrezepte etc. reichen.

Als LehrerIn muss man also offen sein für neue Wissengebiete, in die man sich hineinarbeitet und für neue didaktische Mittel und Methoden, die man aufgrund von Beobachtungen der Kinder und in Gesprächen mit ihnen entwickelt. Ein Leitgedanke dabei ist für mich immer wieder zu schauen, dass die Lernthemen auch möglichst lebenspraktisch bearbeitet werden. So kann man z.B. beim Backen oder gemeinsamen Aufstellen und Überprüfen der Biolieferung prima rechnen, schreiben oder Englisch lernen. Und auch das mit Kindern gemeinsame Entwickeln von eigenen Lernmitteln insbesondere von englischen Spielen bereitet mir viel Freude, braucht aber auch Zeit und Muße für Kreativität.

Auch eine Offenheit gegenüber themenübergreifenden Lernwegen ist wichtig an dieser Schule. Denn so manches Projekt führt zu ganz anderen Ergebnissen als ursprünglich angenommen. So hatte der eintägige Ausflug mit einer Gruppe von Erst- bis Viertklässlern zum Erlebnisbauernhof auf der Grünen Woche, auf dem es vorrangig um den Anbau und die Verarbeitung von Getreide ging, durch den Abstecher zu den Tieren in der Halle plötzlich eine andere Wendung genommen. Die Art und Weise, wie die Tiere dort gehalten wurden, führte zu einer sehr kritischen Diskussion und zu einer über einen längeren Zeitraum sehr vielschichtig geführten Auseinandersetzung zum Thema: artgerechte Tierhaltung und eigenes Essverhalten.

In Beziehung sein

Ein weiterer sehr wichtiger pädagogischer Eckpfeiler ist die Beziehungsarbeit. Um die Themen der Kinder herauszufinden, um sie dort abholen zu können wo sie gerade stehen, bzw. um auch erkennen zu können, wenn ein Kind gerade „in der Luft hängt" und keine eigenen Ideen hat, gelangweilt oder lustlos wirkt, braucht man eine gute Beziehungsbasis. Wenn ich durch Beobachtungen und Gespräche ein Kind näher kennenlerne, kann ich besser einschätzen, ob die Langeweile gerade konstruktiv als ein Mittelschritt zum Übergang zu einer neuen Herausforderung oder aber ein Zeichen von Unter- oder Überforderung ist oder ob das Kind nach dem Wochenende sich erstmal wieder auf eine völlig andere Welt nämlich die Schule einstellen muss, wo es zunächst die Eindrücke vom Wochenende in Ruhe verarbeiten muss, um anschließend wieder offen für Neues sein zu können. Die Hintergründe, warum ein Kind gerade so ist wie es ist, sind vielfältig. Diese Hintergründe in Erfahrung zu bringen ist ein wichtiger aber auch sehr anspruchsvoller Schritt, um individuell auf die aktuellen Bedürfnisse des jeweiligen Kindes eingehen und evtl. Zusammenhänge in seinen Verhaltensweisen verstehen zu können.

Der Aufbau einer tragfähigen Beziehung zu den einzelnen Kindern ist ein wichtiger Prozess, der sich über Jahre hin erstrecken kann. Je besser man sich kennt, desto besser kann man entsprechende Hilfestellungen geben oder gerade unterlassen, damit sich das Kind bestmöglich in seiner Ich-, Sozial- und Sachkompetenz entfalten kann. Manche Beziehungen wachsen fast von selbst und für andere muss man viel Zeit, Geduld und Nerven investieren – aber es lohnt sich immer!

Raumverantwortung

Neben der Lernbegleitung der Kinder gehört bei uns auch die Raumverantwortung zu den Aufgaben der Freie Schule LehrerIn. Die derzeit 63 Kinder sind auf vier Räume, zwei bei den älteren und zwei bei den jüngeren Schulkindern aufgeteilt. Jeder Gruppenraum wird von zwei LehrerInnen betreut. Gemeinsam sind wir für die ca. 16 Kinder verantwortlich, das heißt, dass wir auf der Ich-, Sozial und Sachebene die individuellen Entwicklungen jedes Kindes im Blick haben und dokumentieren. Auch der regelmäßige Austausch mit den Eltern über die Entwicklungen ihrer Kinder gehört dazu. Durch die täglichen Morgenrunden sorgen wir außerdem dafür, dass die Kinder neben ihren individuellen Bedürfnissen und Ideen auch die der anderen und die der Gruppe mitbekommen. Wir schaffen somit einen Ort, an dem das soziale Miteinander und Demokratie gelebt und geübt werden kann. Als Raumverantwortliche habe ich die sozialen Verflechtungen der Kinder und auch deren Konflikte im Blick, um gegebenenfalls intervenieren zu können. Außerdem bieten wir LehrerInnen unseren „Raumkindern" an mit Fragen, Sorgen, Wünschen etc. zu uns zu kommen und gemeinsam mit ihnen Lösungen oder Umsetzungsformen zu suchen. Wir sind somit auch Vertrauenspersonen für sie.

Die Schulorganisation und -entwicklung

Neben der Arbeit am Kind gehört auch die Schulorganisation und -entwicklung zu unseren Aufgaben als Freie Schule LehrerIn.

In den wöchentlichen Teamsitzungen besprechen und verabschieden wir alle organisatorischen wie auch pädagogisch inhaltlichen Themen. Die Sitzungen werden rotierend von jeweils einer Lehrerin als Gastgeberin vorbereitet, moderiert, zeitlich überwacht und protokolliert. Entscheidungen werden gemeinsam nach dem ¾ - Mehrheitsprinzip gefällt, denn wir haben keine Schulleitung. Inhaltlich werden die Sitzungen vom ca. jährlich rotierenden Leitungsteam bestehend aus drei LehrerInnen vorbereitet. Alle Themen, Anfragen, Infos etc. laufen dort zusammen und werden vom Leitungsteam strukturiert. Zudem ist man im Leitungsteam Kontakt- und Austauschperson für den Vorstand sowie für das Büro und kümmert sich um sämtlichen Mailverkehr, der an das Team gerichtet ist.

Darüber hinaus hat jede Lehrperson einige Verantwortungsbereiche übernommen. Zum einen sind wir für die zahlreichen Räume wie die Druckerei, den Tobe-, Musik- Tanz- Ruhe-, Malraum etc. verantwortlich und haben entsprechend einen Blick auf die Gestaltung und Nutzung des jeweiligen Raumes. Zum anderen hat jeder von uns einige organisatorische Aufgaben inne, die von der FSJ-Anleitung, Praktikantengespräche und -Betreuung, Aufnahme neuer Kinder über die Computerwartung, Homepagepflege, Biolieferung, Putzorganisation bis hin zu gelegentlichen Bewerbungskommissionen für neue KollegeInnen etc. reichen.

Da die Schule bisher im Wachstum gewesen ist und wir unseren Alltag stetig reflektieren, befinden wir uns in einem ständigen Entwicklungsprozess unserer Schule. Umfangreichere Veränderungswünsche und Visionen, die das Gesamtteam betreffen, besprechen wir in Arbeitskreisen mit anderen interessierten Kolleginnen und tragen unsere ausgearbeiteten Ideen, Vorschläge etc. im Gesamtteam vor.

Darüber hinaus bin ich als LehrerIn unserer Schule nicht selten in Eltern - AG's wie z.B. der Garten AG, Saal AG, Gegen Rassismus AG, Koch AG, etc. beteiligt oder bilde die Schnittstelle zwischen Eltern - AG und Team.

Um den Entwicklungsprozess einer Freien Alternativschule mit zu gestalten, sind wir auf vielen Fortbildungen, die unter anderem vom BFAS organisiert werden oder die sich mit alternativen Schulformen oder Kommunikationsstrukturen in der Schule für ein gewaltfreies und soziales Miteinander auseinander setzen, etc..

Was ist das Schöne an dieser Arbeit?

Schön ist zu beobachten, wenn Kinder mit und an ihren Themen aufblühen und sich mit voller Begeisterung ihren Fragen und Projekten widmen und dabei Schreib-oder Rechenanlässe, etc. nutzen. Schön ist auch zu sehen, wenn sich andere Kinder von der Begeisterung und dem Forscherdrang anstecken lassen. Dies ist u.a. häufiger am „Multitisch" im gemeinsamen Mehrzweckraum der Jüngeren Schulkinder zu beobachten. Am „Multitisch" finden einige Lernverabredungen statt. Häufiger wirkt dieser große Tisch wie ein Marktplatz: vorbeikommende Kinder bleiben stehen, schauen was dort passiert oder fühlen sich direkt eingeladen bei den stattfindenden Angeboten mitzumachen.

Es ist herrlich die Kinder in ihrer Ich-, Sozial- und Sachkompetenz wachsen zu sehen, zu erleben, wenn sie Fortschritte im selbständigen Lernen, Denken und Handeln machen sowie ihr Demokratieverständnis erweitern.

Darüber hinaus empfinde ich die eigene permanente persönliche Weiterentwicklung durch den Schulalltag sowie durch regelmäßige Auseinandersetzungen im Team als äußert fruchtbar und dankbar. Schule bzw. Lernen selbst neu zu entdecken, im Gegensatz zur eigenen Schulerfahrung, und neu zu gestalten ist eine Herausforderung bei der ich meine Meinungen, Wertevorstellungen und Handlungsmuster jedes mal wieder auf den Prüfstand stellen kann.

Außerdem ist es großartig an dieser Schule nicht nur eine Rolle auszufüllen, sondern als Mensch und als ein Teil der bunten Schulgemeinschaft zu sein.

Durch das Vorleben von Vielfalt aufgrund unserer vielfältigen Biographien, Impulse und Angebote können sich die Kinder mit dieser Vielfalt auseinandersetzen. Sie lernen selbst ihre Themen, Talente und ihre Lernwege zu finden und gleichzeitig die der anderen ebenfalls zu respektieren. Denn wir arbeiten in der Schule an einer Kultur, die die vielfältigen Einflüsse als Bereicherung sehen und nutzen.

Und nicht zuletzt begeistert mich die vielschichtige und facettenreiche Arbeit sowohl mit den Kindern als auch in der inhaltlichen und organisatorischen Entwicklung der Schule.

Was ist das Anstrengende an dieser Arbeit?

Es ist mitunter eine große Herausforderung jedes Kind in seinem persönlichen Entwicklungsprozess im Blick zu haben und entsprechend seine Themen, Ideen und anstehenden nächsten Schritte zu sehen und darauf individuell einzugehen ohne dabei einzelne Kinder zu vernachlässigen. Sechzehn individuelle Themen, Lernwege und Tempi aufzugreifen, zu begleiten und zu dokumentieren, auch wenn wir häufig zu zweit arbeiten, verlangen viel Kreativität und Engagement, was teilweise weit über die dafür vorgesehene Zeit hinausgeht. Dies gilt vor allem dann, wenn ich den Anspruch habe immer wieder zu schauen, wie ich möglichst lebenspraktische Lernprojekte nutzen oder initiieren kann, um dabei Rechnen- und Schreibanlässe etc. zu ermöglichen.

Auch die immer wiederkehrende Frage: „Wie frei ist frei?" birgt ihre Herausforderungen und Anstrengungen. Einige Kinder kommen mit der Idee in die Schule oder entwickeln sie dort, dass sie alles frei entscheiden können. Entsprechend bedarf es einiger Bemühungen, um mit den Kindern zu klären, welcher Rahmen von uns LehrerInnen gesetzt ist (z.B. die Morgenrunden und die anschließende Arbeitszeit als Zeitstruktur) und welchen Entscheidungsraum sie haben (z.B. Inhalte und Formen für die Morgenrunden, ihre Arbeitszeit und Lern-Verabredungen). Erschwert wird dieser Klärungsprozess dann, wenn auch im Team ein unterschiedliches Verständnis vom Freiheitsbegriff besteht und gelebt wird.

Zudem habe ich manchmal den Eindruck, dass wir viel Energie aufbringen, um die Kinder mit unseren Angeboten zu erreichen und an Lern-Verabredungen zu erinnern, anstatt sie viel mehr mit in die Verantwortung zu nehmen.

Eine weitere Herausforderung und Anstrengung besteht darin, eine Balance zwischen den individuellen Bedürfnissen jedes Einzelnen und den Bedürfnissen und Ansprüchen der Gemeinschaft herzustellen. Denn in meinen Augen ist es wichtig, beides gleichermaßen wahrzunehmen und dafür Raum zu geben ohne weder reine Individualisten noch fremdbestimmte Gruppenmitglieder „heranzuziehen".

Darüber hinaus sind wir LehrerInnen nicht selten mit Interessenkonflikten zwischen Kindern und ihren Eltern (z.B. bzgl. ihrer Lernvorstellungen), zwischen sehr auseinander gehenden Elternvorstellungen, zwischen Kollegen sowie zwischen der Schule als Institution und individuellen Mitarbeiterwünschen konfrontiert. Wenn viele Menschen mitreden und -entscheiden können und wollen, wird auch viel Raum für Auseinandersetzung benötigt – und/oder es braucht eine gute Struktur.

Gezeigt hat sich, dass die bisherigen Organisations- und Gesprächsstrukturen für die gewachsene Schule nicht mehr angemessen sind, so dass neue Strukturen geschaffen werden müssen – das braucht Zeit und Engagement.

Der hohe Anspruch an uns als LehrerInnen, ForscherInnen, SchulleiterInnen und auch ein stückweit als Pionierarbeitleistende zugleich, verknüpft mit der immer mal wieder aufkeimenden Unsicherheit des „Neulandes", lässt häufiger das Gefühl der Überlastung aufkommen. Fakt ist, dass wir die vielen Extraaufgaben nicht selten in unserer Freizeit erledigen und deutlich an/über unsere Grenzen gehen.

Ich habe den Eindruck gewonnen, dass diese Schule davon lebt, dass wir alle an diesen Traum glauben und ihn aus voller Überzeugung und mit vollem Engagement tragen. Freie-Schule-LehrerIn an dieser Schule kann man nur ganz, aus vollem Herzen oder gar nicht sein – denn diese Schule bedeutet auch, das private Leben häufig(er) hinten an zu stellen.

Dennoch bleibt es für mich dabei – es ist großartig an der Verwirklichung dieses Traumes stetig mitzugestalten! Hoffentlich finden wir bald einen geeigneten Weg uns so zu organisieren, dass jeder von uns mit (noch) mehr Gelassenheit, Muße und Freude seine Arbeit verwirklichen kann.

Julia Köhler und Sabine Kübler, PraktikantInnen an der Freien Schule am Mauerpark im Jahr 2010

Wir sind bzw. waren zwei Praktikantinnen der Freien Schule am Mauerpark. Jule (22) ist im zweiten Jahr ihrer Erzieherinnen-Ausbildung hier in Berlin, in dessen Rahmen sie ein Praktikum an dieser Schule machte. Sie war im Bereich der Jüngeren, wie Sabine (20). Sie studiert im sechsten Semester „Angewandte Kindheitswissenschaften" in Stendal und beobachtet bzw. begleitet im Zusammenhang mit ihrer Bachelorarbeit den Schulalltag über einen längeren Zeitraum. Wir haben uns in der gemeinsamen Praktikumszeit oft über unsere Erfahrungen und Gedanken ausgetauscht. Ungefähr so:

S: Jule, Kannst du dich noch an deinen ersten Praktikumstag erinnern?

J: Meinen ersten Praktikumstag fand ich sehr spannend. Ich war neugierig, wie sich denn der Alltag in dieser Freien Schule gestaltet und wie ein Tag abläuft. Der erste Tag war geprägt von unglaublich vielen Inputs und Neuem. Das war ganz schön viel. Es gibt hier so viel zu entdecken und kennen zu lernen. Ich wurde von allen am Frühstückstisch und auch in der Morgenrunde nett begrüßt. Wie war dein erster Tag?

S: Das erste, was mein Betreuer Matthias zu mir sagte war: „Heute ist ein ganz normaler Tag: nichts ist normal!" Da wusste ich noch nicht so recht was das bedeutet. Mittlerweile ist mir bewusst, dass sich die Inhalte des Tages größtenteils spontan ergeben und eine Struktur für Außenstehende nur schwer erkennbar ist. Ich habe meinen ersten Tag auch als sehr aufregend und turbulent in Erinnerung. Es gab so viele spannende Situationen zu beobachten und vieles war einfach neu. Ich hatte das Gefühl, hier erst einmal alle Dinge ausprobieren und nachholen zu können, für die in meiner Schulzeit kein Platz war. So habe ich mich zum Beispiel in meinen ersten Tagen im Musikraum am Schlagzeug, in der Druckerei beim Buchbinden oder in dem Malraum beim Basteln wieder gefunden. Man kann sich hier einfach auch über seine Rolle als Praktikantin hinaus weiterentwickeln. Das finde ich toll! Wusstest du schon vorher, was das lernen an einer freien Schule bedeutet?

J: Naja, ich habe mich vorher in meiner Ausbildung theoretisch mit Freien Schulen beschäftigt und mich auch so für alternative Schulformen interessiert. Vielleicht auch aus dem Grund, weil ich an meine eigene Grundschulzeit eher negative Erinnerungen habe, was das Lernen und den Unterricht betrifft.

S: Oh ja, das geht mir genauso.

J: In einem Referat über eine andere Berliner Freie Schule habe ich mich schon mit dem Freien Lernen als solches auseinander gesetzt, aber das gestaltet sich ja auch an jeder Schule wieder anders.

S: Ja, das stimmt. Wir haben uns im Studium auch sehr intensiv mit Lernorten und Lernkulturen beschäftigt. Dabei sind so viele Fragen entstanden und offen geblieben. Jetzt zusammen mit der Praxis ergibt es alles langsam ein Bild und ich habe eine Vorstellung von selbstbestimmtem Lernen.

J: Ich muss auch sagen, dass ich in den ersten Wochen meines Praktikums eine Weile gebraucht habe, um das freie Lernen und wie es in der Mauerpark-Schule umgesetzt wird, zu verstehen. Da gibt es die Arbeitszeit, die Kurse, Arbeitszeithefte, Angebote. Die Kinder können selbst wählen, womit sie sich beschäftigen wollen, toll!

S: Jule, wie lange warst du Praktikantin an der Freien Schule am Mauerpark?

J: Drei Monate. Und du?

S: Ich bin ein halbes Jahr lang einmal pro Woche in der Schule und beobachte den Schulalltag. Denn ich schreibe meine Bachelorarbeit zu einem Thema der freien Schule.

J: Hast du dazu an der Mauerpark-Schule wichtige Erfahrungen machen können?

S: Auf jeden Fall. Es gibt so viele spannende Dinge zu beobachten. Die tollste Erfahrung ist, dass ich mich jederzeit mit den MitarbeiterInnen dazu austauschen kann und sehr interessante Denkanstöße bekomme. Der intensive Austausch und die kritische Reflexion ist sehr hilfreich für meine Arbeit. Ich finde es allgemein bemerkenswert, wie viel Zeit sich das Team für Kommunikation nimmt. Der Arbeitsalltag wird regelmäßig besprochen, Probleme werden schnellstmöglich behoben und auch das Konzept wird immer wieder kritisch hinterfragt. Dadurch entsteht ein sehr intensives, vertrauensvolles Miteinander.

J: Ja, das habe ich auch so empfunden. Wie hast du dich denn generell so als Praktikantin gefühlt?

S: Also ich muss sagen, nach zahlreichen Praktika, habe ich mich hier zum ersten Mal in der Rolle als Praktikantin richtig wohl gefühlt. Das liegt natürlich an der lockeren Atmosphäre und den dankbaren Mitarbeitern, die mich sofort aufgenommen haben und ich somit Teil vom Team war. Ich denke aber auch, dass es endlich der Ort oder diese Art von pädagogischer Arbeit ist, wo ich ich selbst sein kann. Das ist ein tolles Gefühl. Wie war die Rolle der Praktikantin für dich?

J: Ja, da ging es mir ähnlich. Also irgendwie hatte ich das Gefühl, einfach so sein zu können, wie ich bin und nicht bestimmte Erwartungen an mich gestellt werden. Und, dass ich mich ausprobieren konnte. Ich hatte Lust darauf, mit den

Kindern Mandalas auszumalen bzw. selbst welche zu kreieren und so saßen wir oft am Tisch zusammen, was immer sehr kommunikativ war. Auch das Vorlesen von Geschichten und Büchern hat mir immer viel Spaß gemacht. Jeden Tag kamen Kinder und haben gefragt: „Jule, liest du mir was vor?". Der Kontakt zu den Kindern und auch zum Team war schnell da, was bestimmt und auch daran lag, dass wir als Praktikantinnen Ereignisse wie Schulübernachtung, Waldtag, Kino, Fasching miterleben konnten. Ich finde auch, dass ich allein durch das Beobachten und einfach nur durch das Dabeisein im Schulalltag unglaublich viel gelernt habe. Z.B. wie wichtig für die Kinder die Freundschaften und sozialen Kontakte sind und welche Rituale sie so am Tag haben. Besonders spannend fand ich auch das Lehmdorfbauprojekt mit Ina. Leider warst du da noch nicht in der Schule. Da habe ich verstanden, was es mit dem freien Lernen auf sich hat: die Kinder bauen ein Dorf aus Lehm. Dabei reden wir über Geschichte, Architektur, machen Materialerfahrungen, sägen Ästchen für die Dächer, lernen das Schreiben und Lesen, weil wir das Projekt in einem Buch festhalten.

S: Sag mal, kannst du dir vorstellen, später an einer Freien Schule zu arbeiten?

J: Das kann ich mir sehr gut vorstellen. Nur im Moment noch nicht. Ich möchte erst einmal die Zeit für mich nutzen, Erfahrungen sammeln, in der Welt rumreisen. Mein Kopf wäre im Moment noch nicht frei, um mich auf die Arbeit zu konzentrieren. Wäre das auch etwas für dich?

S: Ja, ich hatte auch kurz überlegt, aber ich werde mein Studium im Sommer abschließen. Dann möchte ich mir einen Job suchen, auch aus finanziellen Gründen. Am liebsten würde ich natürlich an einer Freien Schule einen Platz für mich finden, denn ich habe meine Leidenschaft und Begeisterung darin gefunden! Ich wünsch dir alles Gute, Jule.

J: Ich dir auch.

Auf Flügeln aus Papier nach Italien

Erste Eindrücke von Beatrice Borri, Praktikantin Freie Schule am Mauerpark 2010/11

Am 24. Juni 2010 betrat ich zum ersten Mal das Gelände der Freien Schule am Mauerpark. Es war kurz nach meinem Bachelor-Abschluss in Fremdsprachen in Florenz. In Italien, wo ich aufgewachsen bin, sind Freie Alternativschulen und der Gedanke des freien Lernens lange nicht so weit verbreitet und anerkannt wie in Deutschland.

Den allerersten Kontakt mit Freien Schulen in Deutschland hatte ich durch die Mitarbeit bei der italienischen Zeitschrift "gli Asini": Es handelte sich um ein Interview mit zwei Gründerinnen einer Alternativschule in Bremen zu deren pädagogischem Ansatz. Der Wunsch und die Möglichkeit, als deutsche Muttersprachlerin, mich mit dem Konzept einer Freien Schule weiter und konkreter auseinanderzusetzen, um somit wertvolle persönliche Erfahrungen mitzunehmen – auch in der Hoffnung zu einer Veränderung in Italien beitragen zu können –, haben mich anschließend nach Berlin gebracht.

Als Hospitierende war ich ein "neues Gesicht" in der Schule – wiederum war auch für mich, die ich nie zuvor an einer Freien Schule gewesen war, alles neu. Die ersten Eindrücke waren wie bei einem Sprung in etwas Begeisterndes; zuerst von außen. Das Schulgebäude wirkte ziemlich klein und überschaulich. Hinter großen Fenstern saßen, schon zum Schulbeginn absolut vertieft in ihrem Buch, ein paar Kinder; alle Glastüren gingen ständig auf und zu, denn drinnen und draußen wimmelte es von Kindern: Manche kamen allein, andere von den Eltern begleitet, zwei kleinere Kinder spielten im Sand unter dem Baumhaus, ein Mädchen sauste rund um die Schule auf ihrem Einrad, andere Kinder liefen schon beschäftigt herum und ein Kind stand, noch in kompletter Inline-Skates-Ausrüstung, neben dem einladenden Frühstückstisch im Multiraum und aß mit vollem Genuss aus einer Müslischale, während eine bunte, aufgeschlossene, altersgemischte Gesellschaft sich am Tisch unterhielt und begrüßte.

Vorherrschend war für mich das Gefühl, an etwas ganz Besonderem teilzuhaben: Mir wurde klar, welche Vielfalt – an Menschen, an deren Arten und Regsamkeiten... – aus Freiheit entsteht und auch, wie aufgehoben man sich, egal ob Kind oder Erwachsener, Schüler oder Lehrer, Elternteil oder ehemaliger Schüler, Angestellter oder Besucher, in einer solchen Vielfalt fühlt; dass man in einer solchen Schulgemeinschaft seinen Platz finden kann, ohne sich einem Muster anpassen zu müssen, oder sich als ein Außenseiter zu empfinden.

Die Offenheit und Neugierde der Kinder mir (einem neuen Erwachsenen) gegenüber, haben meine Erwartungen komplett überrollt: von Schulkindern, so wie ich sie bisher von den Regelschulen kannte, hätte ich eine andere Reaktion erwartet. An Schulen, die ich kenne, geht der menschliche Austausch nicht weit über die didaktischen Inhalte und über Fragen, die mit der individuellen Leistung verbunden sind, hinaus. Dadurch verliert die Persönlichkeit der Lehrer aus der Perspektive der Schüler ihre Ganzheit (sodass die Idee, dass Lehrer auch ein Privatleben haben, beinahe verfremdet!). So machte mich die positive Energie dieser Kinder auf einen längeren, dahinterstehenden Prozess von Beziehungen aufmerksam.

In der Morgenrunde der Kleineren, zusammen mit Matthias und Christine, konnten mir die Kinder Fragen stellen; sie konnten natürlich auch entscheiden, ob und in wie weit ich an ihrer Arbeit oder an ihrem Tag teilnehmen konnte – ein Konzept, welches ich von Schulen in Italien nicht kenne.

Die Neugierde und Offenheit, sich auf etwas oder jemanden neues einzulassen, setzen ein gewisses Selbstvertrauen von Seiten der Kinder voraus.

Eine Herausforderung – eine Stelle, an der ständig und immer wieder gehandelt werden muss – besteht aus einer doppelseitigen Dynamik: nämlich die individuellen Suche ("Was finde ich spannend? Was kann ich und worin bin ich gut? Was mache ich heute?", die sogenannte "Ich-Kompetenz") und der Blick auf das Miteinander ("Was kann ich geben? Wie kann ich zur Gemeinschaft beitragen? Wie kann ich in dieser Situation handeln, damit es für niemandem ungerecht ist? Wie würde ich mich an der Stelle des Anderen fühlen? Kann ich dem Anderen und seinen Bedürfnissen entgegenkommen?", also die "soziale Kompetenz"). Die Wertschätzung der individuellen Fragen, die Unterstützung der Kinder in deren Persönlichkeitsentfaltung und die gleichzeitige Entwicklung einer auf dieser gegenseitigen Wertschätzung basierenden Gemeinschaft, führen im täglichen Miteinander ständig zu einem großen "Spagat", nämlich dem anstrengenden Konflikt, der in anderen Institutionen durch Homologation und Konkurrenz vermieden wird (weil diese jeweils Eigenheiten und Gemeinschaft entmutigen).

Mich beeindruckte folgende Situation, dass ein Erwachsener und ein Kind in der Schule in einem Kreis sitzen und dass beide ihre Hand heben müssen, bevor sie sprechen dürfen – und dass der Lehrer auch wo möglich warten muss, bevor er von einem Kind das Wort bekommt. In Italien macht man solche Erfahrungen nur in bestimmten, besonderen Situationen, mehr wie ein Spiel (aber wenn es um ersthafte Dinge geht...).

Auch die Gestaltung der Räume fällt mir als einem ehemaligen Regelschul-Kind auf: die gemütlichen Ecken mit Teppichen, die tiefen, großen Fenster, die immer griffbereiten Materialien, die vielen, großen Tische, die unzählbaren Bücher, die Druckerei, die Holzwerkstatt, ein Raum, in dem man nur Malen kann, ein Raum zum Toben, einer zum Ausruhen,... Keine Schulbänke in Reihen, keine weißen, nackten Wände. Draußen im Garten das "Hüttendorf": "Unsere Schule soll nicht «eine nette, schöne Schule» sein. Das ist kein Bedürfnis von uns. Sie ist eher eine Baustelle, oder ein ewiger Prozess: Etwas entsteht, es entwickelt sich und dann baut es sich natürlich wieder ab."

Überall waren Spuren von Kindern zu erkennen – sowohl in diesen Aufbau- und Abbau-Prozessen als auch in den konkreten Gegenständen: ihre Zeichnungen und selbstgedruckten Plakate («Waffeln statt Waffen» hängt z.b. am Eingang), Schuhe, verschiedenes Gebasteltes mit Ton oder Pappe, leere Marmeladengläser für die Beobachtung von Insekten, selbstgebaute Katapulte oder Papierflugzeuge, Kinderbücher, Pullis... das nicht Aufgeräumte hat nämlich auch einen Raum in der Schule.

Eigene Spuren zu hinterlassen bedeutet viel in der Wahrnehmung der Umgebung, in der man lebt: Man kann sich als Teil davon wiedererkennen und den eigenen Einfluss auf die Umgebung erleben.

Dies gilt auch für die Mitgestaltung der allgemeinen Regeln: Mitentscheidungsrecht und Selbstwirksamkeitserfahrung liegen dem Miteinander zugrunde und können von Kindern und Erwachsenen durch die Beteiligung an der Schulversammlung, durch das demokratische Handeln im Alltag und durch Selbstregulierung erfahren werden.

Kinder werden hier ernst genommen und die wichtigste Konsequenz davon ist, dass ihre Bedürfnisse es auch sind – und zwar in allen Bereichen: im Spiel genauso wie beim Lernen, Essen oder Toben, oder wenn sie sich zurückziehen wollen, oder an der Schulversammlung teilnehmen, beim Tanzen, usw.

Was man in Italien auch nicht kennt, ist das System der Verabredungen zwischen Kindern und Lehrern. Ich fragte zwei Erstklässler, ob ich mich während deren Verabredung für ein Bootbau-Projekt zu ihnen setzen könnte. Sie blätterten ein Buch über Boote durch (Boote in allen Zeiten, aus der ganzen Welt) und fanden es zunächst schade, kein richtiges Schiff mit drei Decks bauen zu können!, stellten aber dann fest, dass ein ganz normales Boot, in dem sie und ein Erwachsener drin sitzen konnten, doch ein Jahresprojekt wert ist. Sie sind jetzt, ein halbes Jahr später, immer noch motiviert bei diesem Projekt. Ein Mädchen – eine sehr gute Freundin von ihnen – war noch über die eigene Teilnahme an dem Projekt unentschieden; sie konnte aber trotzdem dabei sein und sich die Zeit nehmen, um darüber nachzudenken, ob sie wirklich mitmachen wollte. Diese Zeit – um zu beobachten, um zu überlegen – kann im Rahmen einer Regelschule nicht berücksichtigt werden.

Ohne einen standardisierten, strengen Lehr- und Stundenplan, ohne das anstrengende Gefühl des widerwilligen Wettrennens um irgendwelche Resultate zu erreichen (nach dem Wirtschafts-Motto "je höher die Leistung, desto größer der Verdienst") war auch für mich die Gelassenheit groß. Das staatliche Schulsystem vermittelt heimlich die Idee, dass Rollen (z.B. "Lehrer", "Schüler") und Ziele wie ein Verbrauchsgut sind: Sie werden wissenschaftlich produziert, jemand anders erstellt sie und man muss nicht die Verantwortung dafür tragen. So war es für mich auch: In der Schule lernte man das, "was einen auf das richtige Leben vorbereitet". An diesem Tag merkte ich: Jeder ging seinen eigenen Weg, und alle zusammen – es hieß: "es ist schon richtiges Leben".

Was ich nicht von "Schule" kannte, war die Tatsache, dass Kinder nicht darauf warten mussten, dass jemand ihnen Fragen stellt, dessen Antwort er schon selber kennt: Sie können bei ihren wichtigen Fragen anfangen und versuchen, sie zu beantworten; und dabei wissen sie, dass die Erwachsenen da sind, um sie auf ihrem Weg zu unterstützen – und sich womöglich mit Fragen, die auch für sie neu sind, auseinanderzusetzen. Und wenn sie sich an einen Erwachsenen wenden, dann tun sie es, weil sie eine Frage – und eine bestimmte Stimmung, und eine Meinung – mitbringen. Eine unglaubliche, ganz frische Energie.

Wesentlich anders war für mich die Erfahrung des Lernprozesses, in dem ich mich jetzt befand – unabhängig von meiner Uni-Abschluss-Urkunde und von den offiziellen Prüfungszeugnissen, die meine Sprachkenntnisse bewerten. Dadurch verändert sich, glaube ich, etwas Tiefgründiges in der Wahrnehmung und Selbsteinschätzung der eigenen Fähigkeiten und Möglichkeiten: Oft kristallisiert nämlich das Leben von Menschen hinter den offiziellen Bezeichnungen, sogar bei vielen jungen Studenten, oder Schülern, die sich dem Lehrplan und den allgemeinen Bedingungen beugen und die, je selbstbewusster desto unzufriedener im System drin sind, aber meistens nicht die Kraft finden, dagegen zu rebellieren. Die Tendenz ist die, dass man von Bewertungen (neuerdings von Punkten) abhängig gemacht wird, die eigentlich nur einen Aspekt des Lebens betreffen und schließlich aber, als Rückmeldungen, viel mehr davon beeinflussen. Durch die Möglichkeit, sich an dieser Schule, auch unabhängig von den "Vorschriften" oder "Einschränkungen" eines offiziellen Curriculums, aufgenommen zu fühlen, vergisst man den lästigen, erlernten Gedanken, das ganze Leben sei eine riesige Schule mit strengen Lehrern, deren Urteil man sich nicht entziehen kann, mit einem vorgefertigten Lehrplan (oder "Studienplan") dem man seine Interessen so gut wie möglich anpassen soll (sodass man genau die richtigen Punkte sammelt). Das ergibt ein ganz neues Selbstbild und auch eine ganz andere Selbstsicherheit. Man wagt es, über den Tellerrand zu schauen und sich mit dem Anblick der Ferne zu konfrontieren.

In sofern habe ich, im Vergleich zu meiner bisherigen Lebenserfahrung in Italien, etwas dazu erlebt – und zwar, dass die Gesellschaft, in der wir leben, tatsächlich anders funktionieren kann; dass es möglich ist, wenn sich die Menschen anders und selbstständig organisieren, Schule anders zu machen; dass eine erlebte freiere Organisation von Gesellschaft noch anders wahrgenommen wird als das, was man durch lehrreiche Bücher erfahren kann, weil sich die Bedeutung von einer solchen Erfahrung in der direkten Beziehung mit anderen Menschen (und mit sich selbst) ganz anders erschließt – und weil viele Fragen eine ganz andere Klarheit verlangen: nicht nur eine innere, theoretische Klarheit, sondern eine dynamische Klarheit der Haltung.

Sehr interessant an den Tagen meiner ersten Hospitation war für mich der Kontakt zwischen Freie Schule und Universität: Am zweiten Tag fragte Matthias in der Morgenrunde, welche Kinder mit in die Universität gehen möchten, um mit Batterien, Solarzellen und anderen elektronischen Geräten zu werkeln – ein Student führte eine Studie durch über das, was Kinder selbst erproben und herausfinden, wenn man ihnen ganz ohne Anleitungen solche Materialien zur Verfügung stellt. Dann sind wir losgegangen, neun Kinder, Matthias und ich: Es war ein schönes, ganz unerwartetes Erlebnis, zusammen mit dieser "bunten" Gruppe die Großstadt zu erleben – die Tram, die S-Bahn, den Verkehr, die Vielfalt an Menschen, das Spreeufer, die Uni, die Öffentlichkeit und ihre Regeln, die Begegnung mit dem Doktoranden – mit all den Gegensätzen, die man sich z.B. zwischen einer "S-Bahn-Stangen-Kletterer-Gruppe" und der restlichen S-Bahn-Bevölkerung vorstellen kann. An dem Tag konnte ich mit dieser kreativen, für mich außergewöhnlichen Gruppe durch das Stadtleben gehen und einen neuen Einblick in die Stadt auch durch ihre Perspektive bekommen. Die Verbindung zwischen Schule und Stadt – man könnte auch sagen, Schule und Leben – wird doch häufig durch eine allgemeine Sorge um Sicherheit in Schulen verdrängt: Durch diese Ausgrenzung ist die Wahrnehmung von der Außenwelt aus Sicht der Schule sehr gering.

Ich könnte noch viel über die zwei Tage an der Schule schreiben: z.B. über die "English Tea-Time" Verabredung und über das Backen der Kinder während sie in eine Fremdsprache eintauchen, ohne ständig befragt oder in ihren Äußerungen korrigiert zu werden; oder über die Deutsch Verabredung, in der eine 3.Klässlerin nicht mehr schreiben und lesen lernen wollte, weil sie die "Schreib-Laune" – also "schlechte" Laune – bekommen hatte (hinterher erwies sich im Gespräch mit der Lehrerin, dass das Mädchen sich darüber Sorgen machte, später im Berufsleben "Briefe an Firmen schreiben zu müssen, und dann pleite zu gehen!", und das wollte sie ja nicht: Sie wollte "auf einem Bauernhof arbeiten!, da braucht man gar kein Lesen und Schreiben!"...).

Als ich die Schule verließ, kurz vor meinem Aufbruch, spielte ich noch mit einem Jungen im Schulgarten. Wir ließen seine zwei selbstgebauten Papierflugzeuge fliegen und warfen sie uns gegenseitig zu. Anschließend schenkte er sie mir beide – für einen unvergesslichen Rückflug nach Italien, auf Papierflügeln...

Viele Fragen bleiben immer offen und motivieren eine spannende Auseinandersetzung mit dem Schulkonzept: Wie kann man Freie Schule "noch freier" machen? Was bedeutet "radikal"? Was passiert, wenn die Schule sich weiterentwickelt und wächst? Welche Antworten sind schon gegeben? Welche Fragen sind schwer zu beantworten? Wo stolpern wir? Was ist, und was bedeutet (heute) "alternativ"? Wie kann man es hinterfragen? Wie kann man es so gestalten, dass alle mehr Verantwortung übernehmen? Könnte/Sollte der Anteil an ausländischen Kindern (Migrantenkindern) an der Schule größer sein? Welche Eltern – welche Bedingungen – brauchen Freie Schulen?

Ich möchte gerne Goffredo Fofi (ein italienischer, ketzerischer Intellektueller, der sich sein ganzes Leben lang als Grundschullehrer mit Erziehung und Bildung eines kulturellen Netzwerkes, das als Alternative zur Kultur des Konsums und der Homologation gedacht ist, beschäftigte), der unserer Gruppe in Italien viel mitgegeben hat, zitieren: "Wer ist mein Nächster? Ich glaube nicht, dass es nur einen Lehrer gibt, sondern mehrere – und ich rede von ihnen auch lieber als von älteren Geschwistern, statt von Lehrern. Mein Nächster sind also meine jüngeren Geschwister. Das sind diejenigen, denen wir helfen müssen, ihre Qualitäten zu finden, ihre Schönheit, und es können die Kinder, die Migranten sein. Wir müssen sie als Geschwister sehen – nicht als Schüler oder, nach dem Katholischen Glauben, als Empfänger unserer Barmherzigkeit (dafür gibt es nämlich den Sozialstaat). Wir müssen die jüngeren Geschwister suchen, bei denen es uns am meisten am Herzen liegt zu helfen und für sie und mit ihnen arbeiten. Heutzutage wachsen viele Kinder auf ohne mehr zu wissen, wo ihre Grenzen sind: Als Erwachsene entdecken sie dann, dass die Gesellschaft grauenhaft ist, und werden dann traurige oder hysterische oder tief deprimierte Menschen. Oder große Diebe oder Roboter, die dem Gang der Massen folgen. Camus sagte, man sollte die Massen nicht verachten, weil man auch selber Teil davon ist. Er sagte: "Ich revoltiere, also bin ich". Die Revolte entsteht immer von dem Einzelnen – von demjenigen, der ein Unrecht erleidet hat oder Zeuge eines Unrechtes gewesen ist – aber sie hat nur dann einen Sinn, wenn sie für alle gemacht wird. Obwohl meine praktischen Auseinandersetzungen immer im Rahmen der Minderheiten gewesen sind, sind Massen meine größte Sorge. Wir haben die Aufgabe des Optimismus. Wie Gramsci in seinen Gefängnisheften sagte: Am besten praktiziere man "Pessimismus des Verstandes, Optimismus des Willens."

Ich hoffe, dass ich durch meine Teilhabe an dem Alltag dieser Schule diese Erfahrung in ihrer Ganzheit mitnehmen kann, in der Hoffnung, dass die Diskussion auch woanders wächst und belebt wird und dass ein Austausch von wertvollem Erfahrungsvermögen entsteht, mit Gruppen, die mit einem ähnlichen Ziel und nach den gleichen Prinzipien arbeiten und die versuchen, auch in Italien eine gerade aufbrechende "Bildungslücke" zu erweitern.

1   "gli Asini" (ital. "die Esel", herausgegeben im Juli und November 2010) ist eine Zeitschrift, die sich in einer sozial-kritischen Perspektive mit den Themen Erziehung, Schule, Kindheit und Jugend, "der Fremde", Peripherien und Soziale Arbeit auseinandersetzt. Durch den Beitrag ihrer Mitarbeiter, die sich in verschiedenen Städten Italiens konkret mit diesen Fragen beschäftigen, soll der Austausch von "guten" heutigen Erfahrungen, im Sinne von der Bildung eines kooperativen Netzwerks von alternativen Projekten im Land, gefördert werden.

Eltern von Quereinsteiger-Kindern erzählen

Eine Antwort von Alexandra van der Brock, Mitglied im Trägerverein Freies Lernen in Berlin e.V. seit 2005, im Vorstand von 2007-2009

Ich bin Mutter von 3 Kindern: Joshua 13 Jahre, Noah 11 Jahre und Nika 7 Jahre. Als Joshua in die Schule kam habe ich mir nicht viele Gedanken über Schule gemacht. Er wurde in unsere Einzugsschule eingeschult wie auch alle Nachbarskinder. Als die ersten Tränen kullerten und Josh nicht zur Schule gehen wollte, obwohl er vorher ganz heiß darauf war, ließ ich mir einen Termin bei der Lehrerin geben, die mich schnell beruhigte. Als ich mir immer mehr Sorgen machte, weil Josh immer verschlossener und aggressiver wurde, nicht mehr in die Schule wollte und jegliche Arbeiten verweigerte, obwohl er gerne zu Hause lernte; wimmelte mich die Lehrerin ab: „Das wird schon". Nach 1 ½ Jahren Schule kamen die Lehrer auf mich zu, weil sie nicht mehr mit Josh und er nicht mehr mit ihnen zurecht kam. Für mich war klar, es musste eine Veränderung her.

Ich hatte sofort die freie Schule am Mauerpark im Blick, weil Bekannte von uns Ihr Kind dort hatten und ich wusste, Josh braucht positive Erfahrungen und einen persönlichen und liebevollen Umgang, um seine Verweigerungshaltung aufgeben zu können. Josh wurde zu unser aller Glück zum Sommer aufgenommen und ging von dem Tag an gerne zur Schule.

Die Lehrer hatten keine Erwartungen an ihn und gaben ihm immer wieder das Gefühl, so gut zu sein wie er war. Er taute langsam auf und genoss seinen neuen Schulalltag, der sich sehr von dem alten Unterschied. Er genoss besonders in einer familiären Atmosphäre wahrgenommen und geschätzt zu werden, nicht unter Druck gesetzt zu werden und nicht lauter Erwartungen erfüllen zu müssen. Nach einem Jahr ließen wir ihn von einem Psychologen testen und es stellte sich heraus, das er sehr intelligent ist, nur eine schwere Lese-Rechtschreib-Schwäche hat, die vorher keiner erkannt hatte. Josh verbrachte seine 4 weiteren Grundschuljahre an der freien Schule, machte dort viele tolle Erfahrungen, hielt sich aber mit Lernverabredungen sehr zurück. Noah und Nika gehen inzwischen auch mit großer Begeisterung in die freie Schule am Mauerpark.

Nach 6 Jahren freie Schule Erfahrung sind für mich folgende Unterschiede zur Regelschule besonders hervorzuheben :

- kleine Schule mit familiäre Atmosphäre

- Lehrer-Schüler-Verhältnis 1:7, jedes Kind wird gesehen

- offener Umgang miteinander, jeder hat die Möglichkeit mitzubestimmen

- viele Möglichkeiten auf individuelle Weise zu lernen und seinen Interessen nachzugehen
- Interesse an der Welt außerhalb der Schule (viele Ausflüge).

Josh ist inzwischen in der 8. Klasse einer Gesamtschule und hatte keinerlei Probleme mit dem Schulwechsel. Seine aktuellen Lehrer beschreiben ihn als sehr sozialen, gewissenhaften, neugierigen, aufgeschlossenen und freundlichen Jungen. Ich kann dem nur zustimmen und denke, dass es mit ein Verdienst der Freien Schule ist, dass er die Möglichkeit hatte, sich trotz der schlechten Erfahrungen so zu entwickeln!

Eine Antwort von Conni Labraña Alarcon, Mitglied im Trägerverein Freies Lernen in Berlin e.V. seit 2004, im Vorstand von 2006-2007

Leo wurde an seiner Einzugsgrundschule eingeschult. Wir dachten, es ist eine Schule in der Nähe, und außerdem kann er da viele nette Schulfreunde finden. Bereits nach einem halben Jahr wechselten wir jedoch schon den Hort und waren froh, dass sich genau gegenüber der Schule ein Elterninitiativhort gründete.

Die Grundschule gefiel uns von Jahr zu Jahr weniger. Es gab große Klassen (ca. 28 Kinder). Der einzelne Schüler/die einzelne Schülerin war kaum im Blick der LehrerInnen. Wir sahen gestresste ErzieherInnen und LehrerInnen, die ihren Lehrplan durchzogen. Insgesamt war die Stimmung eher kühl. Von Gemütlichkeit, Geborgenheit oder Fröhlichkeit war nicht viel zu spüren in den großen, tip-top renovierten Klassenzimmern. Kunst, Musik und Werken wurden kaum gefördert.

Die Werkstatt z.B., die uns beim Tag der offenen Tür so beeindruckt hatte, war oft abgeschlossen und wirkte clean, so als ob da nicht viel passierte.

Ein weiterer Aspekt unserer Unzufriedenheit war, dass Leo der immense Lernstoff zu viel wurde. Eigentlich ging er nur noch wegen seiner Freunde in die Schule. Auch uns als Familie stresste es sehr, ständig an Hausaufgaben, „Muttihefte", Sportsachen, Zettel für Wandertage etc. denken zu müssen. Nach dem dritten Schuljahr nahmen wir dann Leo aus dieser Schule.

Nach den Sommerferien wechselten wir zur Freien Schule und unsere ganze Familie atmete auf. Der Alltagsstress war wie weggeblasen. Leo erholte sich erst einmal vom Notendruck und vom stundenlangen Hausaufgaben machen. Er konnte sein eigenes Tempo wieder finden.

An der Freien Schule fanden wir das, was Schule ausmachen sollte: Freude am Lernen – durch tolle Angebote und Platz zum Spielen, betreut von Lehrern und Lehrerinnen, die sich auf die Kinder ganz individuell einstellen. Hier gab es männliche Teamer, die besonders für Jungs sehr wichtig sind. Es gab kleine Lerngruppen, in denen kein Zwang herrschte, etwas Bestimmtes machen zu müssen. Wir sahen sehr viel Kreatives und Kinder, die sich ganz selbstbewusst im Umgang mit Erwachsenen verhielten.

Leo war vom allerersten Tag in der Freien Schule integriert. Mit Marek hat er dann ca. ein halbes Jahr „nur" Pfeil und Bogen und Fußball gespielt.

Uns als Familie hat die Freie Schule auch sehr gut getan. Denn wir haben hier ganz viel Gelassenheit gelernt. Wir treffen hier Eltern, für die das größte Glück nicht unbedingt ist, dass die Kinder ihr „Abi" machen. Wir treffen hier auch viele neue, interessante Denk- und Lebensmodelle, die alle ihre Berechtigung haben dürfen.

Diese Toleranz fanden wir an der staatlichen Schule nicht. Dort stimmte die Mehrheit der Eltern dafür, dass die Kinder schon ab dem dritten Schuljahr Noten bekommen sollten. Projekttage, Wandertage etc. wurden oft als verschwendete Zeit kritisiert, in der die Kinder Lernstoff verpassen und zuwenig lernen würden.

Dass es diese Zeit an der Freien Schule geben darf, dass viele Projekttage und -wochen angeboten werden, finden wir ungeheuer wichtig. Leo zum Beispiel hat ein halbes Jahr „nur" Fußball gespielt. Er hat aber auch in einem halben Jahr sieben Harry-Potter-Bände verschlungen, und war danach in der Rechtschreibung ziemlich fit.

Eine Antwort von Dorothea Neitzert-Rupprath und Claus Rupprath, aktive Eltern im Trägerverein Freies Lernen in Berlin e.V. seit 2008

Schon bevor Ruben eingeschult wurde, besuchten wir am „Tag der Offenen Tür" die Freie Schule, die damals noch ihre Räume in der Thomas-Mann-Straße hatte.

Uns beeindruckte sehr, dass sich dort Menschen zusammengefunden hatten, die Schule anders gestalten wollten. Wir hatten damals jedoch nicht den Mut, der Regelschule von Anfang an den Rücken zu kehren und zudem wünschte Ruben sich eine Schule mit Tafel.

Die Grundschule im Einzugsgebiet war dann unser „Schulzuhause" für die nächsten Jahre.

Schon nach zwei Wochen, meinte Ruben, Schule sei nichts Gutes, obwohl Lehrer und Kinder nett seien.

Wir engagierten uns sehr und hofften, dass wir gemeinsam mit vielen anderen Eltern und Kindern die Schule ein wenig wandeln könnten. Aber wir mussten immer wieder feststellen, dass uns als Eltern und hauptsächlich auch den Kindern kein Vertrauen von der Schule entgegengebracht wurde. Es bestand gar kein Interesse an einem wirklichen Austausch.

Profitiert hat Ruben insofern von der Regelschule, als dass er Rechnen, Schreiben und Lesen beim Wechsel zur Freien Schule schon gut konnte. Leistungen zu erbringen war für ihn nicht das Problem gewesen.

Doch die freudlose Situation des Lernens und die ständige Gängelung mit Noten und anderen Erziehungsmaßnahmen hatten seine Lebensqualität so gedämpft, dass er in ein Rollenverhalten geriet, welches für alle belastend war.

Erschöpft und verzweifelt wandten wir uns nach drei Jahren wieder an die Freie Schule. Obwohl er Angst hatte seine Freunde zu verlieren, stand schon nach einem Tag in der Probewoche für Ruben fest, dass er nicht mehr in die alte Schule zurückkehren wollte. Auch für die Lehrer war es so offensichtlich, dass Ruben an der Freien Schule am richtigen Ort war, dass der Wechsel dann innerhalb von Tagen passierte.

Er verbrachte noch zweieinhalb sehr glückliche, erlebnisreiche Jahre an der Freien Schule am Mauerpark, für die wir sehr dankbar sind.

(Seine kleine Schwester Alma geht seit der ersten Klasse in die Freie Schule.)

Die demokratische Struktur der Freien Schule bietet den Kindern ein Umfeld, in dem sie tatsächlich zu Wort kommen. Ruben konnte schnell die Angst vor anderen Menschen abbauen, weil er die Chance bekam, Situationen des Konflikts oder des Unbehagens selbst klären zu können.

Die Kinder haben in ihrem freien Bewegungs- und Betätigungsraum die Möglichkeit, den Anderen mit seinen spezifischen Stärken kennen zu lernen und dann auch jahrgangsübergreifende Interessengemeinschaften zu bilden. Sie leben, spielen und lernen gemeinsam. Die Kinder stehen in einem so direkten Austausch miteinander, dass Äußerlichkeiten, wie Markenkleidung oder andere Statussymbole, unserer Erfahrung nach, eigentlich keine Rolle spielen.

Manchmal fiel es Ruben nicht leicht, seine Projekte und selbst gesetzten Ziele zu realisieren, weil eine neue Idee spannender war, oder die ursprüngliche Idee einfach zu groß. Konkrete Ergebnisse gab es oftmals nicht für seine Aktivitäten, aber er konnte die Erfahrung machen, selbst Initiative für ein Vorhaben zu ergreifen, sich selbstständig Wissen anzueignen und Hilfe zu organisieren, oder aber auch andere in ihrem Vorhaben zu unterstützen. Das Vertrauensverhältnis zu den Lehrer/Innen bildete in allem die Basis. Moralische Bewertungen hatte er nicht zu befürchten, denn am Ende stand immer die Verantwortung für das eigene Handeln.

Jetzt ist Ruben in der 7.Klasse auf einem Gymnasium. Er wollte selbst nun wieder auf einer Regelschule sein. Man merkt, dass ihm die Routine von Rechenwegen oder der sichere Umgang mit grammatikalischen Wendungen in Deutsch oder Englisch fehlt, um ganz problemlos die geforderte Leistung zu erfüllen. Er weiß, dass er diese Routine auf der Freien Schule gemieden hat. Nichtsdestotrotz kommt er eigentlich gut zurecht.

Ruben kümmert sich immer darum, sich den Alltag interessant zu gestalten.

Hausaufgaben versucht er mit Angenehmerem zu verbinden und trifft sich dazu mit Freunden. Er hat ein ganz pragmatisches Verhältnis zum Notensystem, ist jedoch auch ehrgeizig. Er ist selbstbewusst und geht mit offenen Augen durchs Leben.

Zwei Wochen nach Schulbeginn auf dem Gymnasium, saß er abends am Tisch mit komplett bemalten Händen und Armen. Ich fragte ihn, wann er das gemacht hätte. Da sagte er: „Mama, das war heute in Deutsch, um elf. So eine Schulstunde kann ganz schön langweilig sein, und dann macht man das. Und dabei habe ich gedacht, dass sich Laetitia in der Freien Schule vielleicht grad ein Brot schmiert."

Das allerwichtigste ist, dass sie gern zur Schule gehn

Birgit Sunder-Plaßmann, Mitglied im Trägerverein Freies Lernen in Berlin e.V. seit 2000, im Vorstand von 2002-2004

Ich bin seit 11 Jahren Mutter an der Freien Schule und wenn ich jetzt davon erzähle, besteht durchaus die Gefahr, dass ich das Schulkonzept herunterbete. Es gibt für mich einige Zauberwörter, die aus dem Konzept sein könnten. Ich hebe sie im Text hervor.

Zur Zeit ist unser jüngster Sohn in der 4. Jahrgangsstufe, 3 ältere Schwestern haben den Übergang in weiterführende Schulen bereits vollzogen. Das Besondere ist, es gibt immer wieder Neues hier, schon allein, weil auch unser 4. Kind IM MOMENT seine Schulzeit verbringt.

Wir vertrauen den Lehrerinnen und Lehrern und sind dankbar, dass Sie ihre Aufgabe, die Begleitung der einzelnen Kinder beim Lernen, so wichtig nehmen und selbst viel SPASS dabei haben.

Die Bestätigung für mich, dass es die richtige Schule für unsere Kinder ist und war, liegt darin, dass sie sich mit IHRER SCHULE identifizieren können, dass sie gerne hingehen und das, was sie dort tun, aus eigenem Anlass tun. Selbst das Überwinden von schwierigen Aufgaben, beruht auf FREIWILLIGKEIT.

Gerade im Überwinden von Schwierigkeiten BEGLEITEN die Lehrerinnen und Lehrer die Kinder und bei Bedarf die Eltern intensiv. Sie laden die Kinder zu Verabredungen ein, erinnern regelmäßig daran und initiieren Gespräche auf Augenhöhe mit Kindern und Eltern. Die regelmäßigen Elterngespräche geben mir die Sicherheit, dass bei all meinen Aufgaben in der großen Familie und im Beruf, die Entwicklung unseres Kindes bezogen auf die Schule die nötige AUFMERKSAM-KEIT bekommt und damit im Auge behalten wird. So überlegen wir gemeinsam, Kind, Lehrerinnen und Lehrer und Eltern: Wie sieht es gerade aus? Was möchten wir erreichen (manchmal wird das unterschiedlich gesehen..)? Was kann Jeder und Jede genau und wann dafür tun? Wann treffen wir uns wieder?

Unsere drei Töchter besuchen inzwischen weiterführende Schulen, eine in der 11. Jahrgangsstufe in den USA, eine in einer Ehrenrunde in der 8. und die Dritte ebenfalls in der 8.. Sie sind sehr unterschiedlich im Wesen, in ihren Interessen, ihren Kompetenzen und ihrem Lernverhalten. In der Freien Schule hatte Jede die Möglichkeit, sich selbst auszuprobieren und kennenzulernen.

Gerade an der weiterführenden Schule war es wichtig, selbstverantwortlich und selbstbewusst zu agieren, sich zu behaupten, eigene Entscheidungen zu treffen, Neigungen zu erkennen und auszubauen, Schwachstellen zu kompensieren, auf alle Fälle aber, Spaß am Lernen und am Leben zu entwickeln.

Dem Stress, der durch die neuerdings verkürzte Schulzeit bis zum Abitur entsteht oder durch Lernschwierigkeiten mit unterschiedlichen Ursachen, können unsere Kinder relativ gut begegnen.

Ihre persönliche Konfrontation führt zu einer persönlichen Auseinandersetzung und sie interessieren sich über die Pflichtaufgaben hinaus für Inhalte und Anforderungen, sind bereit, ihre Freizeit zu investieren oder sich auch für Andere einzusetzen.

Das Wissen, dass sie etwas wirklich wollten, ließ sie Schwierigkeiten meistern, die in der Übergangsphase sicherlich da waren. Das, was sie in der Freien Schule inhaltlich nicht gelernt hatten, konnten sie gut nachholen.

Für mich ist die freie Schule neben dem Mitgestalten einer meines Erachtens besseren Alternative für unsere Kinder ein Lernort zum Thema Lernen. Ein sozialer Ort der Gemeinschaft von Familien, die ich jetzt schon bis zu 11 Jahre kenne und mit denen wir schon viel erleben und erreichen konnten.

Die Mitgliederversammlung, in der es um die Trägerentscheidungen geht, die Elternabende, in denen es um die Pädagogik geht, die gemeinsamen Feste und Aktivitäten, die AGs und die Aufgaben in der Trägerstruktur bieten mir und allen Anderen die Möglichkeit, sich aktiv zu beteiligen und das Gefühl, ein Teil vom Ganzen zu sein und an einer sich immer verändernden Realität mit sich entwickelnden Kindern und Situationen teilhaben zu können.

Dabei ist es durchaus so, dass ich Dinge kritisiere:

Können die Teamer ihren Ansprüchen nachkommen und die Kinder im Blick behalten? Kann ich die Verantwortung abgeben, weit entfernt vom Schulstandard, der Sicherheit suggeriert? Ist die große Freiheit vielleicht eine Überforderung für die Kinder? Werden kostbare „Lernfenster" verschenkt beim Staudammbauen im Sandkasten?

So kann es mit den Zweifeln weitergehen, dann wird es Zeit, in der Schule putzen zu gehen oder anderweitig die Lernumgebung auf sich wirken zu lassen oder die Kinder in der Schule zu beobachten. Es gibt viele Möglichkeiten des Austauschs und der Teilhabe.

Das Allerwichtigste ist für mich, dass sich unser Jüngster, wie vorher schon seine Schwestern, dort wohl fühlt und gerne zur Schule geht.

Selbstbestimmung ist eben auch anstrengend

Interview mit Roland Kern, ehemaliger Vorstand und Mitglied im Trägerverein Freies Lernen in Berlin e.V. seit 2005 und Mitarbeiter beim Dachverband der Berliner Kinder und Schülerläden (DaKS). Das Interview führten Ute Karnopp und Anke Zeuner.

Wir kennen dich als Vater hier an der Schule seit 5 Jahren. Seit wann arbeitest du als Mitarbeiter des DAKS mit Freien Schulen zusammen?

Roland Kern: Ich arbeite seit 2001 beim DaKS. Bis zum Jahr 2005 hatte ich aber mit den Alternativschulen nicht allzuviel zu tun - sie waren halt 3 von etwa 200 bei uns organisierten Horten. Das änderte sich, als mit der sog. Hortverlagerung in die Schulen dieser Bereich in Berlin vollkommen neu strukturiert wurde. Die eigenständigen Schülerläden konnten nur noch überleben, wenn sie eine Kooperation mit einer staatlichen Grundschule eingehen konnten - was nur wenigen vergönnt war. Für die Freien Schulen wurde ein gesonderter Vertrag über die Hortfinanzierung verhandelt und der DaKS vertrat gemeinsam mit anderen Verbänden deren Interessen.

Im Resultat dieser Verhandlungen gab es die Anfrage aus dem sich damals gerade etwas ausweitenden Kreis der Alternativschulen, ob der DaKS nicht auch so etwas wie eine Sprecherfunktion im Schulbereich übernehmen könnte. So kam es, dass ich seit etwa 2006 versuche, als DaKS-Sprecher auch die Interessen der Berliner Alternativschulen in landesweiten Gremien zu vertreten.

Die Anmeldung meines Sohnes Lennart an der FSaM lief davon unabhängig im Herbst 2004. In der Folgezeit habe ich aber durchaus wechselseitig von meinen Rollen als DaKS-Mitarbeiter und als Vater/Mitglied/Vorstand an der FSaM profitiert.

Kannst du feststellen, dass es Entwicklungen/Veränderungen in den Organisationsformen Freier Schulen seitdem gibt? Und wenn ja welche?

Meine Aufgabe beim DaKS ist eher nicht die Organisationsberatung für unsere Mitglieder, sondern die Gremien- und Öffentlichkeitsarbeit, ganz besonders aber die Aushandlung der finanziellen Rahmenbedingungen und die Information unserer Mitglieder darüber. Mit den Organisationsstrukturen unserer Mitglieder habe ich also immer nur zufällig zu tun. Das gilt um so mehr, wenn es um die pädagogische Arbeit geht. Ich bin halt meist mit den Leuten zugange, die für Verwaltung und Finanzen verantwortlich sind.

Trotzdem bekomme ich natürlich was mit. Meine Wahrnehmung ist dabei, dass sich bei den in Berlin schon länger existierenden Alternativschulen prinzipiell in den letzten 5 Jahren gar nicht so viel geändert hat. Dort wo in der Geschäftsführung die Mitarbeiter/innen schon länger eine wesentliche Rolle spielen, ist dies auch immer noch so. Ähnliches gilt für die wesentlich von Eltern getragenen Schulen.

Auch bei den neu hinzugekommenen Schulen ist die ganze Bandbreite von klassischer Elterninitiative bis zur Initiative einzelner PädagogInnen vertreten.

Andererseits kann man wohl schon von einer gewissen Professionalisierung sprechen. Die ergibt sich einigermaßen zwangsläufig aus einer zunehmenden institutionellen Etablierung der einzelnen Schulen - besonders bei Neugründungen und dort, wo sich Schulen stark vergrößern.

Um mal bei unserer Schule zu bleiben: Die direkte Kommunikation war zwischen 4-5 Pädagogen bzw. vielleicht 20 Vereinsmitgliedern sicher einfacher als jetzt, wo in Teamsitzungen mindestens 10 Leute sitzen und der Verein von über 50 Familien gebildet wird. Wenn man darauf nicht mit bestimmten Vertretungsmechanismen reagiert und Entscheidungskompetenzen und Verantwortung in kleinere Einheiten delegiert, dann organisiert man sich Frustration und Unproduktivität.

Auch ist es häufig so, dass die Professionellen in pädagogischem Team und Verwaltung einen größeren Stellenwert bekommen, je länger eine Schule existiert. Sie sammeln einen Erfahrungsschatz, der ihnen ein besonderes Gewicht verleiht. Das gilt ja in gewissem Maß auch für Eltern, die über mehrere Kinder schon länger mit der Schule verbunden sind.

Professionalisierung muss aber nicht zwangsläufig den Rückgang ehrenamtlicher Strukturen oder Konzentration auf wenige Entscheidungsträger bedeuten. Sie kann (gerade bei jungen Schulen) auch in einer breiteren Verteilung von Verantwortung bestehen - als Gegenmodell zur Schule, in der eine charismatische Figur alle Dinge möglichst selbst erledigt.

Neu ist vielleicht, dass einige Alternativschulen die Mitbestimmungsrechte auf Kinder und Pädagogen beschränken und damit auf die Mitsprache von Eltern bewusst verzichten.

Wie würdest du die Freie Schule am Mauerpark im Spektrum der existierenden Organisationsformen einordnen? Wo findest du, hat die FSAM Vorbildcharakter? An welchen Punkten könnte sich die FSAM etwas von anderen Schulen abgucken?

Ich sehe uns mittendrin im Alternativgewusel, vielleicht mit einem besonders starken basisdemokratischen Einschlag. Unsere Vollversammlungen (MV und Team) tagen häufig, haben ein großes Gewicht und die Leitungsgremien versuchen sich immer wieder dort rückzuversichern.

Eine wirkliche Spezialität der FSaM ist m.e. die Kombination aus stark geschäfts-
führender Funktion der reinen Elternvorstände und dem häufigen Wechsel
innerhalb derselben. Bei vielen anderen Alternativschulen sehe ich eine größere
Kontinuität in den geschäftsführenden Gremien/Personen.

Mit Vorbild und Abgucken tue ich mich ein wenig schwer, weil ich nicht glaube,
dass es ein für alle Alternativschulen passendes Supermodell gibt. Was ja wiederum nicht heißt, dass man nicht voneinander lernen kann. Dabei geht's dann
aber m.e. nicht ums einfache Abkupfern, sondern eher um die Weiterentwicklung der eigenen Strukturen.

Vorteile bei unserem Modell - wenn es denn überhaupt ein bewusst konstruier-
tes ist, was ich mal leise bezweifle - sehe ich im hohen Grad der Einbeziehung
vieler Menschen in konkrete Entscheidungen. Die Mitsprachemöglichkeiten sowohl einzelner Teammitglieder, wie auch einzelner Eltern sind sehr ausgeprägt.
Unsere Hierarchien sind sehr flach. Wer möchte, kann an unserer Schule richtig
viel bewegen.

Durch unsere Rotation auch in den Leitungsgremien (Vorstand, pädagogisches
Leitungsteam) bekommen viele Leute einen Blick für das Gesamtsystem FSaM.
Unsere Mitgliederversammlungen profitieren z.B. immer sehr davon, dass dort
diverse Leute mit eigener Vorstandserfahrung sitzen.

Richtig gut finde ich uns seit einiger Zeit auch beim internen Betriebsklima. Das
war ja auch nicht immer so. Ich kann mich noch an ziemlich heftige Versammlungen und vor allem Mail-Diskussionen erinnern. Zur Zeit spüre ich aber ein
grundsätzliches Wohlwollen bei allen Beteiligten, das dann auch Auseinandersetzungen besser führen lässt. Und ich finde durchaus, dass das auch mit unserem
Bemühen zu tun hat, möglichst viele verantwortlich einzubeziehen (auch wenn
dieser Zusammenhang nicht zwangsläufig ist - siehe Blick zurück).

Die Nachteile hängen dann mit den Vorteilen eng zusammen. Die basisdemokratischen Entscheidungsprozesse sind oft etwas zäh und langwierig. Man führt
gewisse Diskussionen immer wieder neu. Die Wechsel in den Leitungsgremien
befördern dies. Das kann gerade für Neulinge in Elternschaft und Team einigermaßen unübersichtlich sein.

Auch ist so eine Organisation wie unsere sehr anfällig für informelle Hierarchi-
en, die dann nicht die Verantwortlichkeiten mit sich bringen, die eine ordentliche Leitungsfunktion ja auch beinhaltet. Auch eine so offene Struktur lebt ja
davon, dass es Leute gibt, die Verantwortung übernehmen und auch mal etwas
vorpreschen. Gleichzeitig müssen sich diese Leute wieder zurücknehmen und
die basisdemokratischen Schleifen akzeptieren. Diese Talente sind nicht jedem
gleichermaßen gegeben. Wir sind aber darauf angewiesen, solche Leute immer
wieder neu zu finden.

Die Gefahr ist, dass wir durch diese Mühsalen immer wieder auch Leute verschrecken, überfordern oder auch Engagierte „verheizen". Insofern finde ich es wichtig, unsere Organisationsformen und Entscheidungs- und Diskussionskultur immer wieder zu überprüfen und weiter zu entwickeln.

Dabei sollten wir überlegen, was bewahrenswert ist, was uns nur noch nervt und was der Preis ist, den wir für alte und neue Strukturen zu zahlen bereit sind. Mir wäre die Mitbestimmung möglichst Vieler viel wert und gleichzeitig glaube ich, dass wir das nur bewahren können, wenn wir die Delegierung von Entscheidungen akzeptieren. In der Praxis tun wir das häufig schon, in der Theorie hinken wir da noch ein bisschen hinterher - ich denke da z.b. an die vielfach nachträgliche Absegnung von Neueinstellungen durch die MV, die ich wirklich anachronistisch finde.

Ein Problem unserer Struktur könnte darin bestehen, dass die unterschiedlichen Gremien etwas unvermittelt nebeneinander her werkeln. Hin und wieder erleben wir das ja. Deshalb finde ich es gut, dass der jetzige Vorstand die regelmäßige Dreierrunde (Team, Büro, Vorstand) etabliert hat. Mein Vorschlag wäre, diese Runde zu einer wie auch immer benannten Schulkonferenz weiterzuentwickeln, die Vertreter von Eltern, Verwaltung, päd. Team und in geeigneter Weise auch die Kinder umfassen sollte. Diesem Gremium sollten wir dann mehr Entscheidungskompetenzen zubilligen - auf Kosten und zur Entlastung von MV, Team, Büro und Vorstand. An der Stelle können wir auch gut von anderen Schulen lernen, die so was häufig schon länger haben.

Nach unserer Einschätzung ist die FSAM – zumindest wenn man die formalen Strukturen betrachtet - eine der wenigen verbliebenen reinen Elterninitiativschulen. Wir beobachten, dass andere, ehemalige Elterninitiativen sich inzwischen zu Mischformen gewandelt haben, in denen auch Angestellte Vorstandsverantwortung mit übernehmen. Wie wichtig findest du das?

Ich sehe die FSaM gar nicht als reine Elterninitiativschule. In der Praxis arbeiten ja mehrere Teilsysteme mit hoher Autonomie und weitgehender Verantwortung für ihren Bereich (Verein, Team, Büro).

Allerdings stimmt es, dass der Verein derzeit praktisch nur aus den aktuellen Schuleltern besteht. Das hat sich wohl irgendwie so ergeben. Ein Blick in unsere Satzung zeigt, dass dort sowohl die ordentliche Mitgliedschaft der pädagogischen Mitarbeiterinnen als auch die (voll stimmberechtigte) Fördermitgliedschaft anderer Menschen im Schulverein vorgesehen ist. Auch dass der Vorstand nur aus Eltern besteht, ergibt sich zumindest nicht aus der Satzung.

Ich habe auch immer mal wieder gedacht, dass es eigentlich günstiger wäre, wenn in Verein und/oder Vorstand auch die Mitarbeiter/innen vertreten wären.

Das würde uns manche Rückkopplungsprozesse ersparen. Deshalb finde ich auch eine regelmäßige Beteiligung von Teammitgliedern an den Vereinssitzungen - wie es jetzt geplant ist - sehr sinnvoll.

Ob man die organisatorische Verknüpfung von Team und Elternschaft (und Büro?!) im Vorstand vollzieht oder in einer Schulkonferenz, wie ich sie in der vorigen Antwort skizziert habe, finde ich unerheblich. Es geht darum, strukturell abzusichern, dass im Entscheidungsprozess keine wichtige Gruppe „vergessen wird".

Immerhin erfüllen der Verein und der Vorstand derzeit die Funktion der Eltern-vertretung. Diese müsste man sonst eigens installieren, denn so wie Team und Büro (und die Kinder sowieso) benötigen ja auch die Eltern ihren Raum der Diskussion und Interessenformierung.

An der Stelle mal noch ein etwas gegenläufiger Gedanke: Wichtiger als organi-satorische Fragen finde ich ja die kulturelle Dimension von Entscheidungspro-zessen - also etwa das was ich vorhin mit dem guten Betriebsklima meinte. Ein solches kann man aber nicht strukturell absichern. Vielleicht ist zu viel Struktur da auch eher hinderlich, weil man sich dann der Mühe der Einbeziehung mög-lichst vieler Meinungen enthoben fühlt.

Ganz zum Schluss: das sich Raushalten aus Verein und Vorstand hat Euch Ange-stellte ja auch ein wenig entlastet, denn manchmal ist es ja auch ganz schön, wenn man mal ein wenig fremdbestimmt wird und nicht auch noch der Jahres-haushalt und der Hauskauf im pädagogischen Team beredet werden muss. Auch unsere wunderbaren Tarifverhandlungen wären dann gar nicht mehr möglich.

Dennoch – wir würden schon sagen, dass unsere Schulform (Elterninitiative ABER pädagogische Autonomie des Teams) in sich einen Grundkonflikt beherber-gen kann. Inwieweit können sich Eltern in IHRER Schule in den pädagogischen Alltag einmischen. Findest du, dass dieser Konflikt bei uns gut gelöst ist?

Wie gesagt, gerade in pädagogischer Hinsicht begreife ich unsere Schule nicht als Elterninitiative. Für den pädagogischen Alltag sind die Pädagogen zuständig und verantwortlich. Wir haben als Eltern da eine eigenständige und andere Rol-le. Ich glaube, dass das sonst für die Kinder auch ganz fürchterlich wäre.

Es ist eben nur insoweit unsere Schule, als wir bestimmte Rahmenbedingungen sehr viel stärker mitbestimmen können, als dies an anderen Schulen möglich ist. Im Alltag ist es dann aber die Schule unserer Kinder (und der Pädagogen).

Wichtig ist mir dann das Gefühl, im Bedarfsfall schnell und unkompliziert einen Gesprächsfaden zum pädagogischen Team finden zu können und dort mit meinen

Fragen ernst genommen zu werden. Das Gefühl habe ich persönlich immer gehabt.

Nun geht mir aber auch der pädagogische Ehrgeiz ziemlich ab. Auf meiner Selbstverwaltungs-Spielwiese, den Finanzen, haben mich alle gerne werkeln lassen.

Das ist bei anderen Eltern sicherlich anders. Deshalb finde ich es richtig gut, dass sich der Donnerstags-Stammtisch etabliert hat (auch wenn er immer während meiner Arbeitszeit stattfindet - oder weil?), der sich stärker pädagogischen Themen widmet.

Prinzipiell finde ich aber die Rollentrennung zwischen Eltern und PädagogInnen wichtig. Die erleichtert dann auch das Austragen eventueller Konflikte. Die kann man vielleicht gar nicht generell „gut lösen".

Wie du schon sagst, bei uns werden viele Entscheidungen, die traditionell beim Arbeitgeber liegen (Stundenaufteilung, Personalzusammensetzung) dem Team überlassen. Das hat Vorteile -alle sind mit im Boot, niemand fühlt sich übergangen- und Nachteile – beachtliche Mehrarbeit des Teams). Wie schätzt du das ein?

Selbstbestimmung ist eben auch anstrengend. Da haben wir es wieder, das Für und Wider von Freiheit und Basisdemokratie.

Ein alle naselang rotierender Elternvorstand kann aber doch nicht wirklich definieren, wie das Team seine Dinge regeln soll. Das müssen wir denen schon selbst überlassen - und sie damit auch ein Stück weit alleine lassen. Und das Team muss für seine Entscheidungen dann auch die Verantwortung übernehmen.

Ich halte das also bei einer Schule wie unserer grundsätzlich für alternativlos. Was ja nicht heißt, dass man im Detail nicht was verändern könnte. Auch unser Team hat mittlerweile ein Größe erreicht, in dem sich die Selbstverwaltung nur erhalten lässt, wenn nicht mehr Alle alles diskutieren und man Entscheidungen stärker delegiert. Das sage ich auch der eigenen Arbeitserfahrung im DaKS heraus.

Auch an der Stelle gibt es ja inzwischen bei uns etwas mehr Struktur als noch vor fünf Jahren - siehe z.B. das Leitungsteam. Ich wünsche dem Team da in den nächsten Jahren noch etwas mehr Kontinuität. In der Schulzeit meines Sohnes hat es, glaube ich, jedes Jahr ein neues Modell der Teamer-Raum-Altersgruppen-Zuordnung gegeben (und als Vorstand kannte ich noch ein paar zusätzliche Überlegungen - und will gar nicht wissen, was im Team noch alles erwogen wurde). Dass Entscheidungen auf diese Weise dauerhafter werden, kann man also leider nicht durchgängig behaupten.

Auch an unserer Schule ist zu bemerken, dass eine Vergrößerung der Schule nicht unbedingt ein Mehr an Elternengagement bedeutet. Wie kann man dem entgegen wirken?

Ich glaube, dass das erstens in gewissem Maße ein zwangsläufiger Prozess ist und wir zweitens da noch in einer vergleichsweise komfortablen Position sind. Ich empfinde das Engagement und die Eingebundenheit der Eltern an unserer Schule als sehr hoch.

Mit zunehmender Größe verstärkt sich die Anonymität und es verringert sich das Gefühl der eigenen persönlichen Verantwortlichkeit für das Gelingen des Betriebs. Wir werden immer stärker Dienstleister. Das ist ja auch gar nicht verkehrt und hat auch seine positiven Seiten. Auch eine Schule wie unsere muss für Eltern offen sein, die sich hier nicht groß einbringen wollen oder können, sondern vor allem eine gute Schule für ihr Kind suchen. Und wenn wir es mit der Öffnung in den Brunnenkiez ernst meinen, dann müssen wir uns meiner Meinung nach von der Vorstellung einer sehr homogenen Elternschaft verabschieden.

Das Risiko besteht dann darin, dass sich auch die Engagierteren frustriert zurück ziehen. Das wäre wiederum für die Schule fatal, denn wir brauchen einfach ein gewisses über das normale Maß hinausgehende Elternengagement.

Ob man dem mit einer stärkeren Formalisierung von Elternmitarbeit begegnen kann, weiß ich nicht so recht. Ich bin persönlich kein Freund der Stundenkontingente und Punktekonten, die es ja im Bereich der Alternativschulen, aber auch der Kinder- und Schülerläden reichlich gibt. Mir graut einfach vor der dann drohenden Diskussion, wie denn welche Arbeit zu bewerten sei und wer die Eintragungen wie kontrolliert.

Mit einer gewissen Ungleichverteilung beim Engagement muss man m.E. leben. Man sollte eher Energie darauf verwenden, das Mitmachen attraktiv zu machen.

Ich glaube übrigens auch, dass unserem Wachstum mit dem jetzigen Modell Grenzen gesetzt sind, bzw. bei einer deutlichen Vergrößerung der Schule andere Strukturen in Team und Verein etabliert werden müssen. Daher rührt auch wesentlich meine Skepsis in Bezug auf eine FSaM-Sekundarstufe.

Mit über 100 Kindern und einem Team, das 15 bis 20 Menschen umfasst, brauchen wir meiner Meinung nach auch bezahlte Führungskräfte. Die müssten wir uns aus den vorhandenen Rippen schneiden, konkret ginge das wohl v.a. zulasten der Pädagogen-Kind-Relation. Zugleich würde das unser jetziges Selbstverwaltungsmodell sprengen. Ein solcher Kreis wäre dafür zu groß. Auch würde ein solches Wachstum die Anonymisierung und die angesprochene Entwicklung zum Dienstleister noch verstärken und uns damit Ehrenamtsressourcen entziehen.

Jetzt habe ich mal ordentlich schwarz gemalt, schließlich gibt es ja auch Alternativschulen in dieser Größenordnung. Allerdings würde ich darauf beharren, dass unsere jetzigen Strukturen dann zunehmend disfunktional werden und wir für eine solchen Vergrößerung einen Preis in Bezug auf unseren Selbstverwaltungscharakter zahlen müssen.

Du erwähntest schon, dass an den meisten Freien Schulen Vorstände über viele Jahre im Amt sind. Es ist eine Besonderheit, dass an unserer Schule der Vorstand so häufig wechselt (in der Regel alle zwei Jahre). Das macht das System natürlich sehr transparent und offen. Gleichzeitig bedeutet es aber auch, dass immer wieder neue Leute mit immensem Kraftaufwand eingearbeitet werden müssen und Laien eine große Verantwortung übernehmen müssen. An unserer Schule wird das in den letzten Jahren etwas abgefedert, indem nicht mehr der ganze Vorstand wechselt, sondern es eine Art Rotationsprinzip gibt. Wie stehst du dazu?

Das Rotationsprinzip hat sich sicherlich in den letzten Jahren bewährt. Ich bin ja seinerzeit auch zu einer bestehenden Mannschaft hinzugekommen und dann etwas länger geblieben als meine ersten VorstandskollegInnen.

Das Einarbeiten immer neuer Leute ist sicherlich etwas mühselig. An anderer Stelle habe ich aber schon gesagt, dass wir dafür auch was bekommen - nämlich einen größeren Kreis von Leuten mit einem guten Überblick und einer hohen Verantwortlichkeit für das Gesamtsystem FSaM.

Wichtig finde ich, dass wir die Vorstandsarbeit so zuschneiden, dass sie auch wirklich noch ehrenamtlich zu bewältigen ist - und zwar nicht nur für Freiberufler. Ich habe das in meiner Vorstandszeit als möglich empfunden, habe aber sicherlich auch von meinem beruflichen Hintergrund profitiert.

Wenn das jetzt zuviel werden sollte, dann sollte der Vorstand Sachen abgeben oder eben auch mal liegen lassen können. Und er kann eben nicht für alles zuständig sein. Der Vorstand soll sich um die Aufrechterhaltung des laufenden Betriebs kümmern - alles andere ist nachrangig und kann/muss warten bzw. von anderen erledigt werden. Und wenn sich keiner dafür findet, dann war's wohl nicht so wichtig.

Ganz wichtig finde ich aber auch Eure Rolle. Ihr Bürofrauen seid einerseits das wichtigste Wissensreservoir und Unterstützungssystem für alle neuen Vorstände und andererseits sozusagen der kontinuierliche Part bei der Betriebsführung. Und beides - Kontinuität und Wandel - tut uns gut.

Du warst selbst zwei Jahre im Vorstand der Freien Schule am Mauerpark und hast damit als „Interner" vielleicht hier und da eine andere Sicht auf die Organisation Freier Alternativschulen bekommen, als vorher als externer Bera-

ter. Hast du aus deiner Vorstandstätigkeit etwas in deine Beratungstätigkeit mitgenommen?

Es waren sogar drei Jahre, weil ich wegen dem Angestellten-Wechsel im Büro noch ein Jährchen rangehängt habe (da war's mit Kontinuität und Wandel mal andersrum). Ich bin ja in den Vorstand seinerzeit auch gegangen, weil einige wichtige Leute im Verein sagten, dass es mit der Ehrenamtlichkeit in der Geschäftsführung gar nicht mehr ginge. Das habe ich anders gesehen und wollte es mal ausprobieren - bzw. Strukturen etablieren, in denen eine ehrenamtliche Geschäftsführung weiterhin möglich ist. Das auch aus einem damaligen Gefühl heraus, dass wir in Bezug auf die Gesamtgröße des Vereins einen relativ hohen Stellenanteil in der Verwaltung hätten. Mein Hintergrund war eben der aus den rein ehrenamtlich verwalteten Kinder- und Schülerläden.

Gelernt habe ich auf jeden Fall, dass es bei einer Institution unserer Größenordnung ohne ein gewisses Maß an professioneller Organisationsstruktur nicht läuft. In Bezug auf die sehr verantwortliche Einbeziehung von Ehrenamtlichen/ Laien bleibe ich aber Überzeugungstäter. Ich glaube weiterhin, dass wir (Eltern, Pädagogen, Büro, Kinder) unsere Dinge durchaus in die eigenen Hände nehmen können. Das ist für mich einfach ein Kern von Alternativschule.

Und viel schlauer bin ich natürlich in allen Fragen der Schulfinanzierung geworden. Nachdem Silke aus dem Vorstand ausschied, war ich dafür ja hauptverantwortlich und musste mich wegen Einarbeitung von Ute und vieler Kalkulationsrunden (zusätzliche Stunden, neue Stellen, Sabbatical, Hauskauf, Hortbedarfe ...) damit sehr intensiv auseinandersetzen. Das verleiht mir auch in der Beratung anderer Schulen ein besseres Fundament und eine größere Sicherheit.

Insofern: Danke liebe Mauerparkschule und alles Gute beim fröhlichen Weiterwursteln!

K(eine) Schule für Eltern?!

von Matthias Hofmann, Lehrer an der Freien Schule am Mauerpark seit 2006

Eltern bringen sich an unserer Schule ein. Ohne den Einsatz der Elternschaft wäre diese Schule nicht möglich. Zugleich ist die Schule aber auch ein Freiraum für die Kinder, in dem sie sich außerhalb ihrer Familien ausprobieren können.

In der Schule erleben sie Situationen, in denen sie sich anders verhalten müssen als zu Hause. Sie haben es hier mit anderen Kindern und Erwachsenen zu tun, die alle auf ihre eigene Art reagieren. Umgangsformen aus den Familien werden von den Kindern in die Schule gebracht und ausprobiert. Manchmal starten Kinder regelrechte Testballons, wenn sie in Erfahrung bringen wollen, ob in der Schule die gleichen Werte, Regeln oder Umgangsformen gelten.

Ein Mädchen, dass zu Hause ‚die Organisatorin' ist und den Überblick über Socken, Schuhe, Handschuhe ihres älteren Bruders hat, trägt ihrem Mitschüler die Hausschuhe hinterher. Ihr Mitschüler antwortet: ‚Die wollte ich alleine finden.' Was erfährt die Kleine hier? Dass es wohl nicht immer gewünscht ist, wenn man anderen die Sachen nachträgt.

Ein Kind wächst in einer Familie auf, in der jedes Hauen und Treten verboten ist. Im Toberaum kommt es zu einem Konflikt. Besagtes Kind haut nach einem anderen Kind, das ihn zuvor beleidigt hat. Unabhängig davon, wie der Konflikt weiter verläuft: Das Kind macht Erfahrungen, die wir uns vielleicht nicht wünschen, die aber notwendig sind um von dem Wert ‚Man schlägt nicht!' zu der Haltung ‚Ich schlage mich nicht!' zu kommen (oder zu der Haltung: ich schlage mich nur, wenn...).

Jetzt werden einige LeserInnen einwenden: Wäre es nicht schön, wenn es einfach nie zum Hauen käme? Ja, das wäre es vielleicht, aber unsere Schule ist keine Insel und wir haben alle Aggressionen in uns, mit denen wir einen Umgang erlernen müssen. Wie sollte das erlernbar sein, wenn es ein Tabu wäre?

Die Schule und in Persona die LehrerInnen wollen und können nicht der ‚verlängerte Arm' der Eltern sein. Dann wäre es keine freie Schule für die Kinder, und für die machen wir uns ja die ganze Arbeit. Manchmal ist das schwer auszuhalten, wenn ein Kind zu Hause mit den Eltern am Küchentisch gerne schreibt und rechnet, in der Schule aber Freundschaften im Mittelpunkt stehen. Dann taucht in Elterngesprächen schon mal die Forderung auf: ‚Mach doch mal mehr mit ihm. Wenn man ein bisschen Druck macht, klappt das schon.'. Aber dazu ist die Schule nicht da, und auch wir LehrerInnen nicht. Die Kinder in unserer Schule können ihre eigenen Beziehungen zu Menschen aufbauen, mit denen sie intensive Jahre verbringen. Dazu muss man ‚ja!' sagen, wenn man sein Kind an unsere Schule gibt. Von daher stimmt auf die ein oder andere Art beides:
Eine Schule für Eltern und keine Schule für Eltern!

Ist das schön ruhig hier

Anke Zeuner, Schulkoordinatorin an der Freien Schule am Mauerpark seit 2005

Das Schulbüro befindet sich in der ersten Etage des Schulgebäudes - ein klein wenig abseits vom Schulgeschehen. Wir, die Schulkoordinatorin und die Finanzverwalterin, arbeiten hier.

Nüchtern gesagt kümmern wir uns um die organisatorischen Rahmenbedingungen. Wir kümmern uns darum, dass die Schule als Schule arbeiten kann. Wir haben das Finanzbudget im Blick, buchen Rechnungen, verwalten die Schlüssel, gehen ans Telefon oder schreiben Projektanträge. Wir versorgen Team und ehrenamtlichen Vorstand mit Informationen, bereiten Entscheidungen vor oder reden mit der Senatsverwaltung.

Wir sind dicht genug dran am Schulgeschehen, um alle wesentlichen Entwicklungen mit zu bekommen und weit genug weg, um ruhig arbeiten zu können. Das ist das eigentlich Schöne dieser Tätigkeit.

Was auch schön ist – wir haben immer viel Besuch. Gern kommen Lehrer zu uns, um mal kurz durchzuatmen oder sich laut zu ärgern. Und häufig sind auch Kinder bei uns. Sie kopieren Mandalas, recherchieren gemeinsam mit den LehrerInnen im Internet alles über Walrösser oder holen sich ein Schreibheft ab.

Um Entscheidungen zu treffen bzw. Informationen weiter zu geben, treffen wir uns in regelmäßigen Abständen zur Bürobesprechung mit dem Vorstand und zur Besprechung mit dem Team. Neuerdings gibt es eine gemeinsame Runde zwischen Vorstand, Büro und Team. Wir finden das gut, weil damit auch die unterschiedlichen Perspektiven auf ein Thema an einem Tisch verhandelt werden können.

In der Regel haben wir aus dem Büro immer ein etwas größeres Interesse an „mehr Struktur". Das liegt wohl auch daran, dass wir sehr dicht mit dem ehrenamtlichen und damit wechselnden Vorstand zusammen arbeiten. Ganz hinten im Kopf sitzt schon die Sorge, dass ein neuer Vorstand alles anders macht und auch das Büro völlig neu einsortiert.

Bisherige Vorstände haben diese Sorge ernst genommen. Wir haben deshalb Stellenbeschreibungen bekommen und das Recht auf Supervision (auch mit dem Vorstand). Auch hilft uns die inzwischen gängige Tradition, dass Vorstände nie komplett wechseln, sondern immer die alten Hasen erst dann ausscheiden, wenn die neuen Hasen auch Alte sind. Eine Kultur des Vertrauens und der Wertschätzung, die wir sehr genießen, wird so auch vorstandsintern weiter gegeben.

Und wenn das so bleibt, werden wir wohl noch lange und sehr zufrieden unserer Arbeit hier nachgehen.

Kochen im Spannungsfeld von Kinderwünschen und gesunder Ernährung

Raik Weber, Schulkoch an der Freien Schule am Mauerpark seit 2010

Als ich meinen Job antrat, stellte ich mir die Frage, was eigentlich kindgerechte Ernährung ist und worin der Unterschied zu so genanntem Erwachsenen-Essen liegt. Auf Grund meiner Erfahrung und dem Willen, auch kreativ zu arbeiten, entschied ich mich, zwischen Erwachsenen- und Kinderessen keine großen Unterschiede zu machen. Kindern die Vielfalt von Lebensmitteln und daraus folgenden verschiedenen Gerichten vor Augen zu führen, sie für verschiedenen Aromen und Geschmäcker zu sensibilisieren und ihnen neue Zugänge zur gesunden und ausgewogenen Ernährung zu schaffen, sollte Maßstab meines Schaffens sein.

Aber da waren noch die Wünsche der Kinder. Die Sehnsucht nach Pizza, Milchreis und Pasta in allen Variationen ist groß. Diese Bedürfnisse zu befriedigen und trotzdem neue Angebote zu schaffen, macht das tägliche Kochen spannend. Gerade Kinder sind besonders empfänglich und gefährdet gegenüber ungesunder Ernährung. Ich sehe meine Aufgabe darin, das Schulessen so zu gestalten, dass Kinder mit Nahrung verantwortungsvoll umgehen lernen und eine bewusste Ernährung ritualisierend Eingang in ihr Alltagsleben findet.

Bericht aus der untergebenen Chefetage

Martin Mißfeldt, Mitglied im Trägerverein Freies Lernen in Berlin e.V. seit 2007, im Vorstand seit 2009

Ist man als Vorstand ein Chef - oder ein Erfüllungsgehilfe? Muss man Dinge entscheiden - oder nur vermitteln? Nützt es den eigenen Kindern - oder leidet die Familie darunter? Fragen über Fragen, die ich aus meiner Sicht, mit mehreren Jahren Vorstandserfahrung, beantworten möchte. Um es kurz zu machen: Ja - alles trifft zu.

Die freie Schule am Mauerpark basiert auf einer Elterninitiative. Als Plattform für die Abwicklung dient ein gemeinnütziger Verein. Die Grundstruktur der Schule ist damit (wie man früher sagte) basisdemokratisch. Die Mehrheit der Vereinsmitglieder entscheidet ... ja, im Prinzip alles. Dieses demokratische Prinzip der Schule ist einerseits eine tragende geistige Säule, kann aber andererseits im Alltagsgeschäft auch eine Last sein.

Wie jeder demokratische Verein wählt die Mitgliederversammlung einen Vorstand, der einen möglichst reibungslosen Alltagsbetrieb gewährleistet und die Weiterentwicklung der Schule vorantreibt. Das müssen mindestens drei Leute sein, bei uns sind es meist vier oder fünf. Der Grund ist einfach: Vorstandsarbeit kostet Kraft und Zeit, und da die ganze Sache ehrenamtlich läuft, ist es sinnvoll, Spielraum für eventuelle „Vorstandspausen" zu haben - quasi ein „Vorstands-Mini-Sabbatical". Ich habe mich zum Beispiel schon zwei mal für ca. 4 Wochen komplett heraus genommen, da ich einen wichtigen Job hatte. Aber danach ist man schnell wieder drin.

Im Zentrum einer Schule stehen natürlich die Kinder. Und die wichtigste Aufgabe eines Vorstandes ist es, das nicht aus den Augen zu verlieren. Denn es gibt - berechtigterweise - viele Einzelinteressen. Falls diese Einzelinteressen zu Problemen oder Konflikten führen, sollte stets nach einer Lösung im Interesse der Kinder gesucht werden. Das versachlicht oft die Diskussion und ist für alle Beteiligten einsehbar. Als Vorstand ist man also den Interessen der Kinder verpflichtet.

Es liegt in der Natur der Sache, dass man als Vorstand auch Vater bzw. Mutter ist. Und da kann es vorkommen, dass man Dinge vertreten oder durchsetzen soll, hinter denen man eigentlich nicht aus Überzeugung steht. Dieser Widerspruch ist nicht einfach. Zwei Dinge helfen dabei: wenn die Vorstandskollegen die Mehrheitsmeinung klar und sachlich vertreten können, kann man sich zurückziehen und an das Gute in der Sache glauben. Womit ich beim zweiten Punkt bin: es ist hilfreich, wenn man keine „Extrempositionen" verinnerlicht hat, die man unbedingt verwirklichen möchte.

Man sollte den Vorstandsposten nie „benutzen", um damit eigene Interessen durchzusetzen, die nicht mehrheitsfähig sind. Natürlich kann und sollte man - wie jedes Mitglied des Vereins - auch immer wieder Anregungen und Ideen einbringen. Aber der unbedingte Wille, etwas im Zweifelsfall auch ohne Mehrheit durchsetzen zu wollen, führt zwangsläufig zu Konflikten und zur Abwahl, die häufig eine destruktive und emotionalisierte Gemengelage hinterlässt.

Womit wir bei dem Punkt Transparenz wären. Ein Vorstand, der glaubt, aus strategischen Gründen Informationen verheimlichen zu müssen, hat ein Problem. Denn der Vorwurf der „Mauschelei" oder „Vetternwirtschaft" schürt Misstrauen. Oft ist das der Anlass, dass Dinge nicht mehr offen, sondern hinter dem Rücken besprochen werden. Man sollte nie vergessen: über kurz oder lang kommen alle Dinge ans Tageslicht.

Nicht zu Unrecht muss man sich dann fragen lassen, warum man die Informationen nicht frühzeitig zur Diskussion gestellt hat. Aber die Grenzen in diesem Bereich sind fließend. Man ist als Vorstand auch dem Persönlichkeitsrecht der einzelnen Mitglieder und dem Datenschutz verpflichtet.

Zum Beispiel kann es prinzipiell „Härtefall-Regelungen" geben. Wenn Menschen verschuldet sind, ein Alkoholproblem haben oder ähnliches, dann darf man diese Dinge nicht publik machen, auch wenn es im Einzelfall zu nicht unwichtigen Entscheidungen kommt. Als Vorstand hat man die Verantwortung und die Pflicht, Dinge im Zweifelsfall auch im Sinne der Solidargemeinschaft zu entscheiden.

Neben der „Geheimhaltungspflicht" muss man als Vorstand hinsichtlich der Transparenz noch einen anderen Punkt beachten: die einzelnen Instanzen. Wenn man als Vorstand Kenntnis über Missstände hat, muss man den „Klärungsweg" einhalten. So ist bei vielen Fragen zunächst das Team (und/oder die Kinder) zu befragen. Und es gilt abzuwarten, welche Lösungswege dort vorgeschlagen werden, bevor man den „Missstand" öffentlich macht. Durch verfrühte Transparenz schürt man gegebenenfalls nur Unmut, Vertrauensverlust und Missverständnisse. Transparenz ist zwar ein sehr wichtiges Gut, aber man sollte nicht ohne Nachzudenken alles heraus posaunen, was man - teilweise in vertraulichen Gesprächen - mitbekommt.

Vorstandsarbeit kostet Zeit. Im Schnitt bin ich ca. einen kompletten Arbeitstag pro Woche mit der Vorstandsarbeit beschäftigt (mit Ausnahmen, wie oben erwähnt). Alle zwei Wochen findet ein „Vorstandstreffen" statt, an dem alle relevanten Themen besprochen werden. Ebenfalls im zwei-Wochen-Turnus treffen sich zwei Vorstandsmitglieder in „Bürobesprechungen" mit dem Schulbüro, wo organisatorische Fragen aller Art, mit Ausnahme von pädagogischen und Teamfragen, besprochen werden. Diese Fragen werden jeden Donnerstag Nachmittag in der „Team-Vorstandsrunde" abgestimmt. Alle vier Woche wird diese Runde zur „Dreierrunde" erweitert, an der Büro, Team und Vorstand teilnehmen. Hinzu kommen AG-Treffen, Elternabende, Mitgliederversammlungen und so weiter. Und nicht so selten muss man sich hinsetzen, und einfach aufschreiben, was man nicht vergessen sollte.

Aber die Zeit scheint mir gar nicht das „Hauptproblem" zu sein. Am schwierigsten ist es für mich, ständig zwischen verschiedenen Ebenen unterwegs zu sein. Der dreibeinige Spagat zwischen Familie, Beruf und Vorstandsposten erfordert viel Flexibilität. Zumal es innerhalb der Vorstandsarbeit ja auch Dutzende von Themen gibt, die man mehr oder weniger im Kopf haben muss. Sauber geführte Protokolle und Notizen helfen, auch eine Woche später noch Dinge parat zu haben, von denen man nie geglaubt hätte, dass man sie hätte vergessen können.

Fazit - um noch einmal auf die Eingangsfragen zurückzukommen:

Als Vorstand ist man Erfüllungsgehilfe der Mitgliederversammlung. Man sollte und kann als Vorstand nichts durchdrücken, wohinter die MV nicht steht. Gleichzeitig ist man aber auch ein Chef, denn die MV erwartet, dass man das Alltagsgeschäft organisiert und die Entwicklung der Schule vorantreibt, notfalls durch klare und bestimmende Anweisungen.

Natürlich muss man als Vorstand entscheiden, denn man hat formal-juristisch die Verantwortung. Dabei sollte man immer daran denken, die verschiedenen Gruppen mit ins Boot zu holen und die anstehenden Fragen klar und deutlich zu vermitteln - oft ergeben sich die Entscheidungen dadurch von selber. Alle Beteiligten sind motivierter und die Stimmung besser, wenn man nicht gegen, sondern mit den Beteiligten entscheidet. Ein enger, auch physischer Kontakt zur Schule ist dabei sehr hilfreich. Vorstandsarbeit ist einfacher, wenn man sein Kind täglich zur Schule bringt oder abholt und dabei mitbekommt, wie der Puls der Schule schlägt.

Die Familie „leidet" immer unter der Vorstandsarbeit. Logisch, denn es kostet Kraft und Zeit, die man sonst der Familie bzw. dem Kind geben könnte. Das Engagement ist ehrenamtlich, und man kann sich immer fragen: lohnt sich das? Ich würde es auf jeden Fall bejahen. Denn auch wenn man zeitlich weniger beim Kind ist, so ist man geistig doch viel näher.

Als Vorstand ist man viel enger beim Kind, weil man sich in einem Teil seiner Welt bewegt und mitdenkt. Ich bin mir sicher, dass die Kinder das spüren. Außerdem bietet so eine Vorstandsjob eine gute Möglichkeit, sich persönlich im Umgang mit Menschen und Problemen weiter zu entwickeln. Und nebenbei hilft es auch noch der Schule, die ja in ihrer Organisationsform auf das ehrenamtliche Engagement angewiesen ist.

Und es macht sogar Spaß.

Anspruch und Wirklichkeit an der freien Schule am Mauerpark.
von Stephanie Schürfeld, Mitglied im Trägerverein Freies Lernen in Berlin e.V. seit 2007

Die freie Schule am Mauerpark hat sich Maßstäbe ins Konzept geschrieben und unterschrieben (Wuppertaler Erklärung des BFAS, Berliner Rahmenpläne), die radikal sind: Schule ohne Strafen, selbstbestimmtes Lernen, keine Noten, Freiheit, Respekt, demokratische Struktur. Wieviel davon ist Wunschdenken und wieviel gelebte Wirklichkeit?

Nach sechs Jahren freie Schule – oder auch sieben oder fünf – wechseln die Kinder auf die verschiedensten weiterführenden Schulen. Unsere Statistik sagt, dass sie dabei nicht schlechter „abschneiden" als der Durchschnitt der Grundschüler. Wobei Versuche, den Elternfaktor herauszurechnen, der in Deutschland den Bildungsweg der Kinder vorbestimmt, mangels wissenschaftlichem Hintergrund scheitern.

Beim Systemwechsel, also beim Wechsel auf staatliche weiterführende Schulen, gibt es vielleicht typische Erfahrungen: Zum Einen sind die Formalitäten und Zeitvorgaben z.B. bei Klassenarbeiten klassische Stolpersteine für die Kinder, denn sie sind nicht eingeübt. Zum Anderen lassen sich die Kinder vielleicht nicht so leicht einschüchtern, wollen mitreden und stehen für ihre Überzeugung ein.

Die Lernwege haben die Kinder an der freien Schule zu einem großen Teil selbst bestimmt und eine Vermutung könnte sein, dass dadurch große Lücken von unbearbeiteten Themen entstanden sind. Doch zum Thema Lernlücken gibt es sehr verschiedene und durchaus auch positive Rückmeldungen: Von „einiges ist neu für mich – die anderen haben den Stoff zwar durchgenommen, aber längst wieder vergessen" bis „mehr Üben wäre gut gewesen!". So holprig oder unspektakulär oder mustergültig der Wechsel im Einzelfall stattfindet, insgesamt setzt sich bei mir der Eindruck durch, die Kinder sind stabile Persönlichkeiten, die ihre eigenen Lernstrategien entwickelt haben und dazu ein überdurchschnittliches Maß sozialer Kompetenzen.

Freiheit, Selbstbestimmung: Autonomie hat in der Schule eher einen geringen Stellenwert. Ihre sozialen Kompetenzen haben die Kinder an der freien Schule dort erworben, wo diese Prozesse stattfinden durften.

Ich erinnere mich an eine Amtsärztin, die (anlässlich der obligatorischen Schulreifeuntersuchung meiner 5jährigen Tochter) einigermaßen entsetzt ausrief „das können so kleine Kinder doch gar nicht entscheiden!" als ich ihr sagte, dass die Kinder sich ihre LehrerInnen selbst aussuchen. Und mitbestimmen, wer neu eingestellt wird.

Das Bewerbungsverfahren für LehrerInnen an der Freien Schule am Mauerpark in drei Sätzen: Eine Kommission (bestehend aus Eltern+LehrerInnen) macht eine Vorauswahl und die Ausgewählten daraufhin Probetage an der Schule. Formal eingestellt werden die LehrerInnen vom Verein „Freies Lernen in Berlin e.V.", in dem alle Eltern Mitglied sind, per Abstimmung auf der Mitgliederversammlung. Dort wird das Votum der Kinder und des Teams mitgeteilt, die Kommission gibt eine Empfehlung ab und die/der WunschandidatIn stellt sich vor.

In den letzten Jahren gab das Kindervotum oft den Ausschlag und die Kinder haben auch schon eine Stelle besetzt, indem sie Unterschriften für einen ehemaligen Praktikanten gesammelt haben.

Es ist nicht so, dass die Kinder alles selbst bestimmen dürfen: Feuer machen, nach Hause gehen, wer hier in die Schule geht, drinnen Fußball spielen ... das sind Dinge, die Erwachsene regeln wollen. Aber da fängt es eben an: Wieviel dürfen die Kinder in ihrer Schule selbst bestimmen und wieviel wird von Erwachsenen vorgesetzt? Wo unterscheidet sich die freie Schule von anderen Schulen, die Kinder auch mal mitbestimmen lassen?

In der Freien Schule am Mauerpark können sich die Kinder aussuchen mit wem sie wo was tun möchten. Vorausgesetzt, alle, die es betrifft, sind einverstanden. Gerne können die Kinder mit einem Lehrer/einer Lehrerin rechnen, Papierflieger bauen, Perlenketten fädeln, in den Toberaum gehen, wenn diese freie Kapazitäten dafür haben. Gerne können LehrerInnen Judo, Schreibschrift, Chinesisch, Kuchen backen, oder Vokabeln lernen anbieten, wenn sie Kinder finden, die teilnehmen wollen. JedeR kann alles, was er/sie möchte, alleine oder gemeinsam mit anderen tun, wenn sich niemand gestört fühlt. LehrerInnen können sich mit Kindern oder diese sich auch untereinander zu bestimmten Zeiten und/oder Themen verabreden.

Relativ hohe Personal-, Raum-, Materialkapazitäten, später Schulschluss oder Hunger auf das Mittagessen, 63 MitschülerInnen plus Eltern und so weiter ermöglichen so manches – aber nicht immer.

Selbstbestimmtes Lernen heißt nicht, die Kinder sich selbst zu überlassen. Die Arbeit der LehrerInnen besteht darin, die Entwicklung „ihrer" Kinder zu sehen und zu dokumentieren, die Kinder nach ihren Plänen und ihren Fragen zu fragen, sie zu unterstützen, ihren eigenen Weg zu gehen: Lesen lernen mit Baumarktkatalog, Feinmotorik mit dem Lötkolben, eine Freundin finden als Langzeitprojekt, jeden Tag eine Seite im Übungsheft abarbeiten oder immer nur Draußen spielen: Die Kinder erhalten eine Dokumentation des Schuljahres am Ende des Jahres und einen persönlichen Brief, der nur an sie gerichtet ist und den nur lesen darf, wem sie es erlauben.

Das organisatorische Gerüst in dieser Flexibilität sind:

- Bezugspersonen, die sich ein Kind für ein Schuljahr wählt,

- LehrerInnenteams: immer zwei pro Raum („Klasse"),

- offene Türen,

- Morgenrunden und Schulversammlungen, in denen alles besprochen und geregelt wird,

- längerfristige Verabredungen/Kurse/Angebote/Werkstätten, die regelmäßig stattfinden,

- regelmäßige, großzügige Teambesprechungszeiten,

- kurzfristige Abstimmungsrunden im Team bei Krankheit, Ausflügen etc.

Die Schule hat sich für einen respektvollen Umgang entschieden und verzichtet auf Strafen.

Wirklich? Was passiert denn, wenn jemand zündelt, Verabredungen nicht eingehalten oder andere respektlos behandelt werden?

Jedes Kind mit lustig flackernder Flamme empfindet es als Strafe, wenn es deswegen 3 Tage nicht in die Schule kommen darf (sie gehen ja gerne in die Schule...). Oder ein weniger heißes Beispiel: wenn es nach Regelverstößen im Toberaum diesen sehr respektvoll eine Zeit lang nur noch von außen sieht. Das Beispiel mit dem Feuer ist eine bestehende Regel und die Gefahr so drastisch – sie wird von Erwachsenen und den meisten Kindern nicht infrage gestellt.

Wie geht man mit Regelverstößen um? Geh bitte raus, wenn du laut sein möchtest? Eine sehr personalintensive Alternative für Kinder, die zeitweilig oft in Konflikten verstrickt sind, ist: zusammenbleiben. Nicht, dass ein Erwachsener wie ein treues Hündchen immer dabei ist, sondern eine Einschränkung der Bewegungsfreiheit für das Kind: Du bleibst bitte eine Zeit lang da, wo ich auch bin. (Aber auch das engagierteste Team sieht hier schnell die Grenzen der Personaldecke.)

Was sich von selbst versteht, ist, zu fragen: Was ist der Impuls? Eine gemeinsame Lösung zu finden ist schwer, wenn die vorläufige Lösung heißt, jemanden auszuschließen. Im Alltag der Schule werden die Beteiligten wenn möglich zusammengeholt, um ein Problem zu klären und die Kinder sammeln Erfahrungen damit, wie es sich anfühlt, die andere Sicht zu hören, die eigene zu vertreten, heftig, oder zu schweigen, sich oberflächlich zu entschuldigen oder vielleicht wirklich etwas aufzuklären. Jeder/jede kann eine auf ihn/sie bezogene Aktion unterbrechen mit „Stopp". Auf langen Schulfahrten nimmt die Intensität von Krisen und deren Begleitung zu und es kommt eine gewachsene Gruppe zurück.

Schule ohne Strafen bedeutet konsequenterweise auch Schule ohne Belohnungen. Wer jemandem/einem Kind eine Belohnung verspricht, zerstört Motivation genauso wie derjenige, der mit Strafe droht. Noten werden zur Disziplinierung benutzt und die eigene, innere Disziplin damit absurd. An der Freien Schule am Mauerpark gibt es heute keine Noten. Es gibt zur Zeit auch keine Sternchen, Smileys oder Ähnliches. Doch es ist vielleicht viel schwerer, echte Anerkennung zu zeigen (anstatt Belohnungen zu verteilen), als auf Strafen zu verzichten.

Die Freie Schule am Mauerpark hat sich entschieden, dass sie die Kindheit nicht als bloßes Vorbereitungsstadium für das Erwachsensein betrachtet. Die Kinder lernen nicht für die Schule, für ihren Lehrer oder die Eltern, sondern für sich selbst. Das echte Leben darf hier stattfinden. Die Erwachsenen können sich nicht hinter ihrer Rolle „LehrerIn" verstecken und nach Vorschrift und typischem Rollenverständnis, bzw. Machtgefälle verfahren. (Das gilt auch für die Eltern.) Sie müssen sich als Person auf die Beziehung zu ihren SchülerInnen einlassen und respektvollen Umgang leben und einfordern. Das hat den großen Vorteil, dass auch die SchülerInnen sich nicht auf eine typische SchülerInnen-Rolle zurückziehen können, weil sie als Person beteiligt sind.

Trotzdem bleibt die Verantwortung für die Qualität der Schüler-Lehrer-Beziehung bei den Erwachsenen. Die Kinder werden über ihre Rechte aufgeklärt. Sie haben die gleiche Würde wie Erwachsene. Die Bedürfnisse der Kinder nach Selbstbestimmung, Regelnmachen, Streiten, Bewegen, Lachen usw. haben ihre eigene Berechtigung und werden nicht aus dem Grund unterbunden, um sie für das spätere Erwachsenenleben zu trainieren.

Die Kinder haben jederzeit die Möglichkeit, mit jemandem Kontakt aufzunehmen, rauszugehen, aufzustehen oder sich hinzulegen – solange es niemanden stört. Auf dem Tisch sitzen ist erlaubt, genauso wie Radschlagen in der Garderobe – solange niemand überrollt wird. Werden sportliche Aktivitäten in der Garderobe ein größeres Problem, wird dies garantiert ein Thema auf der nächsten Schulversammlung.

Da bin ich schon wieder bei den Regeln. Aber das ist ja ein großes Schulthema, auch für die Eltern. Wie soll etwas geregelt werden, wer macht die Regeln und was ist respektvoll?

- Jemandem zu sagen, dass man ihn/sie doof findet?

- Jemandem ein schlechtes Gewissen machen?

- Jemandem auf die Füße treten?

Manches ist eindeutig nicht respektvoll, manches kommt darauf an.

Gerold Scholz, Professor am FB Erziehungswissenschaften der Goethe-Universität FFM

„If you teach them you have to watch them" - Diesen Satz habe ich vor einigen Jahren in Kanada gehört. Er fiel in einem Gespräch mit einer aus Großbritannien stammenden Lehrerin und gehörte offenbar zu ihrem kulturellen Wissen als Angehörige einer ehemals großen Kolonialnation. Man kann ihn vielleicht so übersetzen: Wenn man den Kindern der Eingeborenen etwas beibringt, dann muss man sie beobachten. Man muss auf sie aufpassen, denn es könnte ja sein, dass sie das neu erworbene Wissen gegen diejenigen verwenden, die es ihnen vermittelt haben. Kurz gefasst: Wissen ist Macht.

Es war nicht so, dass die Lehrerin hinter dem Programm stand, das mit diesem Satz formuliert wird. Sie war sich der Ambivalenz der Aussage durchaus bewusst. Wir hatten über den Umgang der anglophonen und frankophonen Europäer mit den kanadischen Inuit gesprochen. Viele Tausende von ihnen, waren ähnlich wie in Australien die Aborigines, von den Familien weggenommen und in schulische Internate gesteckt worden. Viele sind missbraucht und misshandelt worden und sehr viele sind gestorben. Es war ihr klar: eine der wesentlichen Funktionen von Schule besteht in der Durchsetzung bestehender Machtverhältnisse und zwar in Prinzip durch zwei Instrumente. Das eine besteht darin, Anforderungen an eine erfolgreiche Schullaufbahn so zu formulieren, dass nur diejenigen es schaffen, die die Macht haben, diese Anforderungen zu formulieren. Das zweite Instrument leistet, das Scheitern einzelner Schüler nicht der Schule anzulasten, sondern denen, die scheitern. Das erste Instrument wird üblicherweise Selektionsfunktion der Schule genannt; das zweite Legitimationsfunktion.

Man muss beide Begriffe gegenüber dem üblichen Sprachgebrauch vom Kopf auf die Füße stellen. Die Selektion, die Schule als System betreibt, bedeutet, dass bestimmten Kindern nicht erlaubt wird, längere Zeit in die Schule zu gehen oder mit schwierigeren Inhalten und höheren Anforderungen konfrontiert zu werden. Selektion bedeutet, jemanden mögliches Wissen vorzuenthalten. Man kann so Kosten sparen oder sich eben auch vor Ansprüchen an Teilhabe an Macht schützen.

Die Selektionsfunktion der Schule muss in zwei unterschiedliche Fragen unterteilt werden. Zum einen wird zu einer bestimmten Zeit gerade einer bestimmten Gruppe von Schülern Wissen vorenthalten. Ein auch nur kursorischer Rückblick in die Vergangenheit und ein Vergleich mit der Gegenwart zeigt, dass die sogenannten bildungsfernen Schichten sich wandeln. In den siebziger Jahren des 19. Jahrhunderts war das klassische Beispiel das katholische Arbeitermädchen aus einem bayrischen Dorf. Heute ist es der türkische Junge aus bestimmten Vierteln einer deutschen Großstadt. Solche Feststellungen werden im Stil des Umgangs mit Prognosen deshalb getroffen, um sie ändern zu können. Das Bild des katholischen Arbeitermädchens wurde benutzt um eine „Ausschöpfung der Begabungsreserven" zu initiieren, vor allem durch eine Erhöhung des Anteils der Kinder von Arbeitern an der Zahl der Abiturienten und Studenten. Die Begründung war nicht pädagogisch, sondern ökonomisch. Damals, in den siebziger Jahren des vorigen Jahrhunderts, wurde die Angst vor der Überlegenheit des Kommunismus geschürt. Immerhin, abgesehen von der Erfindung des Bafög als Förderinstrument für gering Verdiener, wurden vor allem die Mädchen gefördert. Das Ergebnis ist heute, dass der Anteil der Kinder von Arbeitern und unteren Angestellten an der Zahl der Abiturienten sich kaum verändert hat, dass aber mittlerweile so viel mehr Mädchen Abitur machen als Jungen, dass nun von den Jungen als Problemgruppe geschrieben wird. Seit 2006 und verstärkt wohl in den nächsten Jahren wird man einiges tun, um auch dem türkischen Jungen aus der Großstadt zu einer Bildungskarriere zu verhelfen. Auch heute und morgen nicht aus Humanität oder anderen ethischen Grundsätzen, sondern einfach deshalb, weil man diese Jungen in einer alternden Gesellschaft als Facharbeiter braucht. Bei dieser historischen Betrachtung macht sich eine Frage unangenehm bemerkbar, die auf die zweite Funktion der Selektion in der Schule verweist: Wenn nun die Mädchen erfolgreich sein werden und auch die türkischen Jungen, wer bleibt dann sitzen oder wer geht dann in die Sonderschule oder verlässt dann die Hauptschule ohne Abschluss?

Die Frage unterstellt, dass es immer einen Prozentsatz von etwa 15 bis 20 Prozent der Schüler gibt, die man unterschiedlich bezeichnen man, die aber im Kern von Soziologen als „die überflüssigen" konstruiert werden. Bislang gab es diesen Prozentsatz an erfolglosen Schülern in Deutschland nach dem zweiten Weltkrieg immer. Dies liegt nicht an den Schülern, sondern an der Methode der Auswahl. Die funktioniert in Klassenarbeiten, standardisierten, von Psychologen entwickelten Tests oder in sogenannten an Standards orientierten Vergleichsarbeiten, immer nach dem gleichen Muster, nämlich dem der Gaußschen Normalverteilungskurve.

Diese Kurve beschreibt die Wahrscheinlichkeit, mit der ein bestimmter Wert auftritt. Wenn man etwa bei einhunderttausend jungen Männern in Deutschland die Schuhgröße misst, dann wird man feststellen, dass sich die größte Zahl der jungen Männer um den Mittelwert herum gruppiert. Vielleicht so, das 40 Prozent eine Schuhgröße zwischen 41 und 43 haben, dann je 20 Prozent die Größen 40 bzw. 44 und je 10 Prozent eine Schuhgröße unter 40 bzw. über 44. Je kleiner oder größer die Schuhgröße, desto seltener kommt sie vor. Diese Kurve kann man bei vielen quantifizierbaren Daten anlegen, also auch bei der Körpergröße oder in der Versicherungsmathematik oder in vielen anderen Bereichen, in denen sich Natur mathematisch erfassen lässt. Die Glockenkurve ist – wie man sogar behauptet – ein Hinweis auf ein Geheimnis der Natur (http://www. egrund.de/weltbilder/gausstxt.htm).

Nun wird diese Glockenkurve andauernd in der Schule verwendet. Bei einer beliebigen Klassenarbeit wird zum Beispiel die Zahl der Fehler durch die Zahl der Schüler geteilt und so der Fehlerdurchschnitt errechnet. Diese etwa 40 Prozent der Schüler, die sich um den Durchschnittswert gruppieren, erhalten nun auch eine durchschnittliche Note. Das kann eine „3" sein oder eine „4". Wer schlechter ist, bekommt eine schlechtere Note, wer besser ist, eine bessere. Am Beispiel: Wenn in einem Diktat bei 20 Schülern insgesamt 120 Fehler gemacht wurden, so sind dies 6 Fehler im Durchschnitt. Wer im Bereich zwischen 4 bzw 5 und 7 bzw. 8 Fehlern mit seiner Arbeit liegt, dürfte mit einer „3" oder „4" bedient werden. Die anderen besser oder schlechter. Mittlerweile herumgesprochen hat sich die Tatsache, dass es manchmal vom Glück abhängt, ob man mit 6 Fehlern eine „3" oder eine „2" oder eine „5" bekommt. Eine „2" eben dann, wenn die Mitschüler im Durchschnitt viel mehr Fehler gemacht haben und eine „5" dann, wenn der Fehlerdurchschnitt ein ganzes Stück unter 6 lag. Die Note ist also abhängig von der Stichprobe. Auch Tests werden so konstruiert, dass sie der Normalverteilung entsprechen. Das heißt, dass die Aufgabenschwierigkeiten in der Testphase so lange verändert werden bis die Ergebnisse der Normalverteilung entsprechen. Durch die Kopplung von Kompetenzniveau und Standard unterliegen auch die sogenannten Standardaufgaben der Normalverteilungskurve. Sonst gäbe es eben nur ein „bestanden" oder ein „nicht bestanden". Was bedeuten könnte, dass wirklich alle Schüler ohne eine einzige Ausnahme bestanden oder im unangenehmen Fall alle Schüler eben nicht bestanden haben können.

Herumgesprochen hat sich also die gewisse Willkürlichkeit der Anwendung der Notenskala. Wichtiger aber ist die Annahme, die Fähigkeiten und der Wille der Schüler sich Lehrstoff anzueignen, seien normal verteilt. Mit dieser Annahme wird eine Art Natur der Schülerschaft unterstellt. Tatsächlich aber organisiert die Anwendung der Normalverteilungskurve das Bild einer Normalverteilung, die es von Natur aus nicht gibt. Anekdotisch formuliert: Wenn in Deutschland im Jahre 2011 nur superintelligente und superfleißige Kinder geboren würden, so würde es die Grundschule einige Jahre später nicht merken. Manche Lehrerin würde sich vielleicht über die guten Leistungen wundern, aber nun schon bei 2 Fehlern eine „5" geben, weil die Mehrheit der Schüler eben gar keinen Fehler gemacht hat.

Die Frage, wer als Außenseiter, als „überflüssig" definiert wird, ist von der Tatsache zu trennen, dass die Schule auf jeden Fall „Außenseiter" oder „Überflüssige" herstellt. Und dies ist weder ethisch noch politisch noch ökonomisch verantwortbar.

Was haben diese Überlegungen mit Freien Alternativschulen zu tun? Sie werfen noch einmal ein anderes Licht auf die Aufgabe dieser Schulen. Die Tatsache der Verweigerung der Notengebung begründet sich nicht nur aus der Demotivierung von Kindern und Jugendlichen durch Notenvergabe, begründet sich nicht nur entwicklungspsychologisch oder lerntheoretisch, sondern auch und vielleicht in erster Linie gesellschaftspolitisch. Denn eigentlich kann es keine Gesellschaft aushalten, immer einen Teil ihrer Mitglieder für dumm und oder faul zu erklären. Die richtig angewandte These „no child left behind" verlangt dann auch, dass jedes Kind in jeder Schule die Erfahrung machen können muss, dass es alles lernen kann, was es will – und wenn es Jahre dauert.

Angesichts einer ökonomisch fundierten Kritik des Schulsystems, die durchaus die impliziten Kosten der Verweigerung von Bildungsmöglichkeiten zu erkennen beginnt, könnten Vertreter von Freien Alternativschulen auf das Recht auf Partizipation auf der Grundlage von Wissen und Bildung bestehen. Also darauf, dass diejenigen, die etwas gelernt haben, auch die Macht bekommen, das Gelernte anzuwenden.

Für eine Pädagogik zur Entfaltung des Reichtums der Bildung

Johannes Beck, Prof. für Allgemeine Pädagogik, Institut für Kulturforschung & Bildung, Universität Bremen

Das „Historisch Mögliche" (Paulo Freire) das Gute im Schlechten erkennen und beharrlich tun, folgt einer Hoffnung, die uns der Weise Laotse hinterlassen hat: „.. dass das weiche Wasser in Bewegung mit der Zeit den harten Stein besiegt. Du verstehst, das Harte unterliegt."

(nach B. Brecht)

„Wollen wir uns in der Welt nur zurechtfinden und einpassen - oder wollen wir sie menschlich mitgestalten?"

In Kita, Schule und Universität, in der Lehrer- oder Erwachsenenbildung und in der urbanen Bildung des kommunalen Alltags könnten wir uns an zwölf bewährten pädagogischen Einsichten und Tätigkeiten orientieren, die ich hier in Stichworten skizziere. Dies geschieht in der Hoffnung, dass kein einziger dieser Punkte neu für die Leser ist, sondern nur bekräftigt, was sie schon lange wussten.

Was hier steht, entstammt Jahrhunderte langer reformpädagogischer Erfahrung und ihrer bildungs-theoretischen Reflexion. Diese Reformpädagogik (ob sie nun von Comenius, Rousseau, Pestalozzi, Montessori, Makarenko, Steiner, Geheeb, Dewey, Freinet, Don Milani, Goodman, Freire, den Reggio-Pädagogen oder anderen erfunden wurde) verstehe ich nicht als Religion von Gurus, denen gläubig zu folgen wäre. Ich verstehe sie als Steinbruch der Sisyphossilien, den uns pädagogische Riesen hinterließen, auf deren Schultern wir stehen. Aus dem Steinbruch können die Edelsteine ihrer Ideen und Erfahrungen behutsam herausgewaschen werden, um sie mutig neu zu erdenken – mit pädagogischer List und Lust in einer schönen und immer einzigartigen Praxis der Entfaltung des Reichtums der Bildung.

In diesem Sinne können wir:

1. Bildung als be-geisternden Vorgang begreifen, in dem wir uns und unsere Welt durch sinnvolle Tätigkeiten in schöner Weise bilden: Philosophieren lernen wir durch philosophieren, Bauen durch bauen, Lieben durch lieben, Lernen durch lernen und lehren. Bildung als sozialer Vorgang der Entfaltung guter Fähigkeiten enthält mehr als nur Ausbildung, Belehrung, Lernen, Wissen und Können. Doch wird sie ohne all dies nicht gelingen können.

2. Kommune, Straße, Haus, Betrieb usw. als Orte urbaner Bildung erkennen und gestalten: Das sollte mit der urbanen Kultivierung pädagogischer Provinzen (z. B. der Schulen, Kindergärten und Hochschulen) einhergehen. Sie sind bildender

und gebildeter Teil des Gemeinwesens. Im Alltagsleben und seiner Gestaltung können wir am meisten und am besten lernen und etwas bilden – also gestalten. Es kommt nur darauf an, welche Anregungen und Möglichkeiten es bietet, welche wir einbeziehen und welche wir schaffen. Zum guten Aufwachsen brauchen unsere Kinder eine zugängliche, lebendige Kommune und keine monokulturellen Reservate. Aber: Was haben die Kinder auf der Straße verloren?

3. Erkennbare und gestaltbare, also gastliche Orte der Bildung schaffen. Das wären Räume der Zusammenarbeit im Forschen, Lernen, Experimentieren, Spielen oder Feiern, die durch ihre Bewohner hervorgebracht werden, in denen die Werkzeuge bei der Hand sind. Solche Räume stiften Zusammenhänge, durch die sogar vorgeschriebene „Lern-Module" als Projekte eine sinnvolle Gestalt annehmen können. Die Atmosphäre dieser Orte kann neue Kräfte wecken. Um sie zu schaffen, ist oftmals pädagogische List in den Institutionen erforderlich. Zur Gewinnung ruhiger Orte, in denen man verweilen möchte, wäre in einigen Schulen schon die Abschaltung der Schulklingel ein sinnvolles Projektchen im Physikunterricht der Mittelstufe.

4. Wahrnehmen, entdecken, erkennen, erfahren im Umgang mit Phänomenen ermöglichen: Kinder wollen ihren tätigen Sinnen trauen und handgreiflich werden. Sie wollen nicht nur virtuelle Erfahrungen machen. Sie sind neugierig auf die Welt. Das verlernen sie häufig in der Schule durch Belehrung, programmierte Besserwisserei, stundenlanges Herumsitzen und die allgegenwärtige Zensur. Auch Erwachsene (also auch Lehrende) hätten ihre „kindliche Neugier" gegenüber aufschlussreichen Phänomenen aus erster Hand wieder zu entdecken.

5. Freude am eigenen Tun wecken - statt Angst und Druck erzeugen: Angst und Stress machen dumm und unlustig. Spaß muss nicht sein. Aber ohne Lust an der eigenen sinnvollen Tätigkeit (z.B. in gemeinsamen und nach außen wirksamen Projekten), können Lernen und Bildung kaum gelingen. Wer Freude am eigenen Tun weckt, wer auch in den „Fehlern und Irrtümern" der Lernenden das Richtige erkennt, der arbeitet wider die Gleichgültigkeit, die auch durch das langweilige „Lernen um-zu" oder das Konsumieren von Programmen hergestellt wird.

6. Ausdrücken lassen - statt immer nur eindrücken: Gegen die Einseitigkeit der Schule des Eindrucks, des Abfüllens mit abfragbaren Wissensbrocken, steht die Schule des Ein- und Ausdrucks, der schöpferischen Gestaltung. Freies Schaffen eigener Werke ist zu ermöglichen, sonst drohen Destruktion, Resignation und Gewalt in der „fertigen Welt", in der nichts mehr zu tun und zu wünschen übrig bleibt. Alle Sinne wecken und ansprechen. Wir lernen am besten wenn wir unsere Welt wahrnehmen und uns frei ausdrücken können. Ein- und Ausdruck sind im gestaltenden Tun zu verbinden. Es geht um tätiges Sein und nicht nur ums Machen zum Haben (E. Fromm). In unseren Werken und ihren Wirkungen sind wir zu erkennen.

7. Dialogisch sein - statt monologisch vereinsamen und ausgrenzen: Das gleich-
berechtigte Gespräch und Wirken im Geiste der Philia mit dem Nächsten ist
die Großmutter der Bildung (von Sokrates bis Pestalozzi, Steiner, Buber, Freire
oder Illich). Einander Aufmerksamkeit entgegenbringen, um sich erkennen und
verstehen zu können, sich lehrend mitteilen und die Dinge klärend zur Sprache
bringen, statt nur zu belehren oder nur zu moderieren, ist eine Aufgabe von
Lehrern, die diesem schönen Namen die Ehre geben wollen, die ihm gebührt.

8. Zusammenarbeiten Verschiedener ermöglichen - statt Konkurrenz und Selektion fördern: Große und sinnvolle Leistungen entstehen aus der Zusammenarbeit
nicht aus der Trennung verschiedener Menschen mit unterschiedlichen Voraussetzungen und Fähigkeiten, die erkannt und gefördert werden können. Das gilt
auch in jeder Bildungsarbeit. Schulpolitisch heißt das: Gemeinschaftsschulen
als Bildungsorte für alle Kinder errichten, in denen ihre Verschiedenheit die
Grundlage der Gemeinsamkeit ist. In den „Schulen des Lebens" darf kein Kind
verloren gehen; da darf keiner sagen können: „Du bist hier falsch."

9. Vielfalt fördern - statt Einfalt durchsetzen: Differenz ist die Voraussetzung
des Lernens und der Bildung. Jedes Lernen ist Veränderung im Umgang mit
Fremden und Fremdem, mit dem, was wir nicht sind, was uns noch nicht zu
eigen ist und es vielleicht niemals sein soll. Identität und Distanz gehören
zusammen. Wer nur sich selber kennt, kennt auch sich nicht richtig. Gestaltete
Heterogenität, Altersmischung, kulturelle Vielfalt usw. wirken gegen geistige
und soziale Verelendung in gefährlich abgeschotteten und langweiligen Mono-
kulturen.

10. Fähigkeiten erkennen und fördern - statt Defizite nur diagnostizieren: Unsere gewordenen und erworbenen Fähigkeiten sind die Grundlagen jeder weiteren
Bildung. Mit alten Erfahrungen, Werkzeugen und Begriffen entsteht das Neue.
In diesem Sinne sind auch die Lebensphasen und sozialen Erfahrungen der
sich bildenden Menschenkinder für die Bildungsarbeit konstitutiv. Es geht ums
aufrichten statt ums abrichten oder nur unterrichten. Lehrpläne und „Bildungs-
experten" gehen meist von Defiziten der Menschen aus. Potenzen werden oft
ignoriert; aber nur auf ihrer Basis können wir auch unseren Defiziten begegnen.

11. Vertrauen üben - statt Kontrolle verüben: Vertrauen ist eine der Voraussetzungen von Selbstvertrauen. Selbstvertrauen und Mut brauchen wir in der
Begegnung mit Neuem und Fremdem, also auch mit den Gegenständen des
Forschens und Lernens. Kontrolle ist die Aufforderung zum Widerstand oder zu
autoritärer Unterwerfung. In unserer Bildung geht es dagegen um eine Praxis
möglicher Freiheit.

12. Leistungen ermöglichen - statt durch Zensur behindern: Sinnvolle Leistungen
werden angeregt und anerkannt durch Begeisterung, Zustimmung und Kritik,

niemals durch Zwang, Sanktion oder Zensur durch Noten, nach denen niemand schön singen kann. Im deutschen Grundgesetz steht übrigens ganz weit vorne: „Eine Zensur findet nicht statt."

Wer seine pädagogische Arbeit durch solche Einsichten und Tätigkeiten leiten lassen will, wird sich zugleich in einigen zivilen Haltungen ausbilden und üben, die auch im politischen Handeln zum Ausdruck kommen und überhaupt alltäglich von Nöten sind. Diese Haltungen zeigen sich:

1. in der Zuständigkeit für mich und meine Nächsten - also auch in der demokratischen Einmischung vor Ort in unsere eigenen Angelegenheiten;

2. im Mut und Vertrauen zum eigenen Wahrnehmen, Fühlen, Vorstellen, Denken und Handeln, – also im Dialog mit anderen und anderem;

3. in der Begeisterung, Phantasie und Erkenntnis im Finden der eigenen Fragen, Wege und Antworten – und das gilt gerade auch in Universitäten, Schulen und Kindergärten;

4. in Erfahrung, Wissen und Können im Umgang mit der Natur, den Dingen und Werkzeugen, den Vorgängen und Menschen. Sie sind unsere Lehrer.

Eine Erziehungskunst und Bildungspraxis, in solchen keineswegs neutralen Haltungen, wäre nicht nur Voraussetzung „pädagogischer Kultur", sondern ein emanzipierender politisch-künstlerischer Beitrag zu einer erfreulichen, also bildungsträchtigen, den Menschenkindern zugewandten Atmosphäre des Alltags; – und die brauchen vor allem die ärmsten der Kinder, wenn sie diese weder zuhause noch in der Kommune finden. Dazu können die Pädagogen viel Gutes beitragen - trotz Bildungspolitik -, wenn sie nicht nur auf „ein Leben" vorbereiten wollen, sondern wenn ihr Bildungs-Alltag für alle Beteiligten bereits lebenswert ist. Auch Kindergarten- oder Schulzeit ist kostbare Lebenszeit derjenigen, die sie miteinander verbringen. Sie nicht nur irgendeiner Zukunft zu opfern, sondern gegenwärtig schön und gut zu gestalten wäre zugleich unsere beste Vorbereitung auf das überraschend Kommende in einer ungewissen Zukunft. Zukunftsfähigkeit kommt aus unserer Geschichte und wird in unserer Gegenwart gewonnen – oder verloren.

Der Reichtum der Bildung ist für alle da!